没有教不好的孩子，只有不会教的父母

冬云⊙编著

吉林文史出版社
JILINWENSHICHUBANSHE

前言

古人云："玉不琢，不成器。"孩子如同璞玉，只有在精心雕琢下才能绽放最美的光彩。

好孩子是教出来的！一个孩子在成长之初，如同一张白纸，父母给予什么样的教育，他就会成为什么样的人。优秀孩子多是优质教育的结果，对于孩子而言，家庭是孩子人生中的第一所大学，父母是第一任教师，是启蒙之师，父母的言传身教，对孩子的智力发展，性格形成，习惯养成，心态、能力、品德的培育等方面有着重大影响，甚至可以决定孩子的一生。可以说，父母的作用无人可替，好父母成就好孩子。反之，问题孩子多是问题家庭的产物，意味着父母教育的失败。因为天下没有教不好的孩子，只有不会教的父母。大多数孩子的资质都差不多，天才和低智商者毕竟是极少数。而父母自身素质的差异，和所施教育的差别，通常导致了资质不相上下的孩子最终所取得的成绩相差悬殊。没有教不好的孩子，只有教不好的父母。古人云："子不教，父之过。"父母教育子女，更重要的是懂得教法，教育孩子是一门很深的学问，它有其独特的运作方式和方法。教不得法，不但不能达到培养目标，还可能导致父母和子女之间无法沟通，造成孩子的逆反心理，父母的努力成了毫无意义的努力。因而，要教出好孩子，必须要学会做父母，首先要提高自身的素质，孩子是站在父母的肩膀上的，父母能走多远，孩子就能走多远，父母能有多高，孩子就能有多高。其次是掌握科学的教育方法和有效的技巧，每个孩子都是优秀的，千万不要因为错误的一句话，毁了孩子的信心；也不要让自以为是的教育方式，误了孩子的一生；更不要使溺爱成为孩子一生的绊脚石。编撰本书旨在帮助父母了解最基本的教育学、心理学知识，掌握各种科学的教育方法，根据孩子的兴趣爱好，制订出合理的培养计划，培养出一个优秀的孩子。

本书立足于当代中国的教育文化背景，收集了大量可资中国父母借鉴的中外家庭教育案例并作了深入分析，介绍了国内外先进的家庭教育思想和最具成效的育儿方案，针对中国家庭教育中普遍存在的问题和误区，提出了科学的解决办法。

目录

第一篇　培养高情商、高智商的孩子

第一章　培养一个高情商的孩子

情商就是智商以外的一切内容 … 2
对孩子加强情商培养 … 6
提高孩子的情商应先由父母做起 … 9
培养孩子的语言表达能力 … 14
让孩子敢于承认错误 … 17

第二章　培养孩子的优秀品质

培养出一个有责任心的孩子 … 22
有意识地培养孩子的自立能力 … 26
培养孩子诚实守信的好习惯 … 31
培养孩子勤奋的美德 … 36

第三章　培养孩子良好的人际关系

从小培养孩子善于交际的能力 … 40
教孩子学会与人分享 … 44
让孩子学会说“不” … 48

第四章　培养一个高智商的孩子

高智商的孩子需要超常教育 … 53
孩子的智力是需要开发的 … 57
怎样提高孩子的智商 … 60
孩子的智力和营养有密切的关系 … 66

第五章　培养孩子的想象力和思维能力

让孩子学会思考 … 70
培养孩子的抽象思维能力 … 74
不要剪掉孩子想象的翅膀 … 79

第六章　培养孩子的注意力和观察力

培养孩子专注的能力 … 84
怎样才能克服孩子注意力涣散的毛病 … 89
为什么要让孩子拥有善于观察的能力 … 94

第七章　培养孩子的创造能力

让孩子学会自己动手去做 … 102
正确应对孩子的好奇心和求知欲 … 106

第二篇　教孩子养成好习惯、好性格

第一章　培养孩子从好习惯开始

好习惯将使孩子受益一生 … 114
让孩子养成良好的卫生习惯 … 119
培养孩子爱劳动的好习惯 … 123

教育孩子要勤俭节约 … 127

第二章　培育孩子良好的学习习惯

给孩子一个独立思考的空间 … 133
提高孩子的学习效率 … 138
培养孩子珍惜时间的好习惯 … 142

第三章　帮孩子播下好性格的种子

教养方式直接影响孩子性格的发展 … 147
让孩子变得更坚强 … 152
不要伤害孩子的自尊心 … 157

第四章　好性格成就好人生

培养孩子乐观的性格 … 162
培养孩子开朗的性格 … 167
果断的性格使孩子更接近成功 … 173

第三篇　优秀是教出来的

第一章　学会做个聪明的父母

努力营造民主和谐的家庭氛围 … 180
你的语言传递着你的价值观念 … 186
给孩子以成长需要的爱 … 188
要学会与孩子沟通 … 191
要尊重孩子的隐私 … 200

第二章　如何对待孩子的挑衅行为

怎样理解孩子的攻击行为 … 203

孩子为什么会无理取闹 … 207

用自然结果法解决与孩子的冲突 … 212

用坚决的行动制止孩子的胡闹 … 214

第三章　让孩子学会生存、敬人

培养孩子对父母的尊重 … 216

不要让孩子沉溺于物欲之中 … 217

要让孩子成为一个有教养的人 … 221

矫治孩子懦弱的方法 … 224

让孩子学会自我保护 … 227

第四章　让自信陪伴孩子成长

不要打击幼儿的自信心 … 235

接受鼓励是孩子成长的重要内容 … 237

怎样锻炼孩子的勇气 … 241

第一篇

培养高情商、高智商的孩子

第一章

培养一个高情商的孩子

情商就是智商以外的一切内容

父母箴言

一个人的成功，智商的优劣占 20%，情商的优劣占 80%，从而可以得出这样一个公式：20% 的 IQ + 80% 的 EQ = 100% 的成功。如果要造就一个优秀的孩子，让他将来事业有成，那么从小就要重视培养他的情商。

情商（Emotional Quotient，EQ），是美国哈佛大学心理系教授丹尼尔·戈尔曼在 1995 年出版的《情感智力》一书中提出的。所谓情商，其实指的就是情感智力，“EQ”是“情感智力”的英文缩写，指有良好的道德情操，有乐观幽默的品性，有面对并克服困难的勇气，同时它也是一种自我激励、持之以恒的韧性，是同情和关心他人的善良，是善于与人相处，把握自己和他人情感的一种能力。简言之，它就是指人的一种情感和一种社会技能，是智力因素以外的一切内容。

随着世界步入网络时代，人际交往逐渐增多，情商越来越被人们所重视。它被人们普遍认为是通往成功的必备素质。丹尼尔教授认为，一个人的成功，智商的优劣占 20%，情商的优劣占 80%。为此，推出的成功方程式为：20% 的 IQ + 80% 的 EQ = 100% 的成功。由此可知，如果要造就一个优秀的孩子，让他将来事业有成，从小就要重视情商的培养。

一般来说，情商可以分为五大类内容。

1. 了解自己的情绪

认识情绪的本质可以说是 EQ 的基石，这种随时能感觉到的能力，对于了解自己来说非常重要。不了解自身真实感受的人必然会沦为感觉的奴隶，相反，只有掌握了自己感觉的人才能成为自己生活中真正的主宰，在面对婚姻或是工作等一些人生中的大事时，也会作出正确的抉择。

2. 控制、管理好自己的情绪

情绪的控制和管理是建立在自我认知的基础上的，即如何自我安慰，摆脱焦虑、灰暗或不安的心情。这方面能力比较匮乏的人会常常和那些低落的情绪进行交战，而对这些掌控自如的人则能很快走出生命的低谷，重新出发。

3. 用自己的情绪激励自己

无论是要集中注意力、自我激励还是发挥创造力，将情绪专注于一项目标是绝对必要的。无论成就什么事情都要靠情感的自制力——克制冲动与延迟满足。保持高度热忱是一切成就的动力，一般来说，能够自我激励的人不管做什么事情都会有很高的效率。

4. 了解别人的情绪

同情心也是一种基本的人际技巧，同样建立在自我认知的基础上。具有同情心的人比较能从细微的信息中察觉到他人的需求，这种人特别适合于从事医护、教学、销售与管理的工作。

5. 和周围的人友好相处

人际关系也是管理他人情绪的一种艺术。一个人的人缘、领导能力、人际和谐程度都和这项能力有关，充分掌握这项能力的人往往会是社会上的佼佼者。

当然，不同的人在这些方面的能力也是不同的，有些人可能会很善于处理自己的焦虑，却对别人的哀伤不知从何安慰起；而有些人在处理别人的事情时能够非常理性，但是在面对自己的事情时就会乱了方寸。这些基本能力可能是与生俱来的，没有什么优劣之分，但是人的可塑性是很高的，不管是哪一方面的能力不足都可加以弥补或是改善。

如今，大人们面对的是快节奏的生活，高负荷的工作和复杂的人际关系，没有较高的 EQ 是难以获得成功的；孩子们也是生活在一个马不停蹄的环境里，繁重的学业使他们喘不过气来，同时还要和同学们搞好关系，只有拥有较高的 EQ，才会使他们在这样的社会状态下生活得游刃有余。EQ 高的人，人们都喜欢同他交往，总是能得到众多人的拥护和支持。权变理论代表人物之一弗雷德 · 卢森斯对成功的管理者（晋升速度快）与有效的管理者（管理绩效高）做过调查，发现两者之间显著的不同之处在于，维护人际网络关系，支持成功的管理者最多，占 48%，而支持有效的管理者只占 11%。由此可见，在职场中，要获得较快的成长，良好的人际关系是排在第一位的。

情商在估价一个人的整体素质方面也有着重要的作用。心理学家认为，情商与智商不太一样，它是靠后天培养的。因此，情商也是父母培养孩子能力和素质的一个不可忽视的内容。而且，从现在社会的发展和对人才的需求来看，仅靠知识是难以在社会上立足的。未来社会需要的人才不仅要有较高的才智、健康的身体，还要有高尚的人格、优良的品质、坚强的意志和不怕挫折、经得起失败考验的健康心理。就学习而言也是如此，即使一个孩子有了再好的智力，如果没有好的学习动机，没有意志力，其学习是很难搞好的。另外，道德在很大程度上讲，是给智力把关的。因为学习成绩优秀的学生进入社会后犯罪的事例并非罕见。所以，培养孩子高情商是父母所必须做的事情。

独立生活的能力是孩子成才和立足于社会的基本能力。独立生活能力弱的孩子往往伴有胆怯、懒惰、消极等习性，而未来社会需要的是积极进取、勇于竞争、不畏艰难的人。父母们要站在时代的高度，在开发孩子智力的同时，重视对孩子非智力素质的培养，这样才能让自己的孩子在未来的社会上有立足之地。

对孩子加强情商培养

父母箴言

只要让孩子多一点儿勇气、多一点儿机智、多一点儿磨炼、多一点儿感情投资，孩子们也会像“情商高手”一样，营造一个有利于自己生存的宽松环境，建立一个属于自己的交际圈，创造一个发挥自己才能的空间。

现在的父母对孩子的教育是越来越重视了，在孩子教育方面的投资也越来越大了。父母们聚在一起所谈论得最多的一个话题就是：孩子的学习怎么样，谁家的孩子学习好，谁经常考第一名，谁家的孩子不知道学习，等等。其实，父母关注孩子的学习是一件好事，是应该得到提倡和发扬的。可是，有一些父母的教育方法却把孩子领入了一个误区：为了让孩子各个方面都得到发展，一到周末，就把孩子送往各种补习班，对孩子进行盲目的恶补。其实，父母只注意到了孩子智力的开发，却忽略了让孩子走向成功的另外一个更加重要的因素，也就是所谓的情商。那些在父母的精心呵护下长大的孩子，就像是生长在温室里的一朵花，禁不起一点挫折和磨难。不能清楚地认识自己，对自己的能力也不能很好地把握，更别说去控制和整顿自己的情绪了，当他遇到困难的时候也不会自我激励，只有一味地退缩而已。对于别人的情绪、感觉和需要更是采取事不关已的态度。这样一来，就不能正确认识自己和他人，更谈不上什么同情心理，人际关系也会被他处理得一团糟。许多心理学家认为，情商是影响个人健康、情感、人际关系的一个重要因素，更是一个人生活的动力，它可以让智商发挥更大的效应。

我国从古代起就提倡"忍""三思而后行""不以物喜，不以己悲""淡泊明志，宁静致远"，现在风靡全球的"成功教育""愉快教育"也无一不包含着情商培养的因素。因此，今天的父母们在全方位地开发孩子智商的同时，更应加强对孩子情商的培养。

说了这么多情商的重要性，那么，到底什么样的做法才是高情商的表现呢？

首先，高情商的人不管做什么事情，动力都来自内部，他们有很强的自觉性和主动性。在决定要做一件事情之后，没有完成是绝对不肯罢休的。做任何事情，他们都有明确的动机、强烈的兴趣以及所表现出的积极独立和不甘落后，并且有勇气，自信心强。一个高情商的孩子，懂得自动做事、自动读书、自动做功课……所有的一切都是自动的，不用别人来督促。因此，就算他的智商不比别人高，但成绩也可以比别人好。

其次，高情商的人目光是长远的，他们不会沉溺在一些短暂的利益之中，不管想什么问题、做什么事情，他们都会把眼光放得很远，而不会满足于眼前的一点点欲望。

比如，研究者告诉孩子们："这里有糖，你们可以马上吃，但只可以吃一块，如果等我出去办完事回来再吃，你们可以得到两块糖。"跟踪实验的结果表明：那些有耐心等待的孩子，长大后比较能适应环境、讨人欢心、敢冒险、自信、可靠；而那些只满足眼前欲望的孩子，长大后各方面的成就都不是很高。

再次，高情商的人善于控制自己的情绪，他们在任何时候都可以做到头脑冷静、行为理智，能抑制感情的冲动，克制急切的欲望，及时化解和排除不良的情绪，使自己始终保持一种良好的心境，心情开朗，胸怀豁达，心理健康。一个高情商的孩子，会把自己的情绪控制得很好，当他们遇到让他们感到烦恼的事情时，他们可以自己化解，绝不会做出一些极端的事情来。

复次，差不多每一个人都有某些连自己也看不清楚的个性上的盲点，高情商者常常会自我反省，从不同的角度了解、认识自己，对自己有一些比较客观的评价，具有自知之明，并且能正确地为自己定位。因此，他能够处理好周围的一切关系，而成功的机会也总是比较大。一个高情商的孩子，会很清楚地看到自己的优点和缺点，他们既不会因为成绩好、受老师赏识而自傲，也不会因为自己在某方面不如别人而自卑。

最后，高情商的人善于洞察并理解别人的心思，能控制自己的情绪，会设身处地为别人着想，领悟对方的感受，尊重他人的意见。因此，他们善于人际沟通与合作，人际关系融洽，在复杂的人际环境中也会游刃有余。一个高情商的孩子，在集体中会有好人缘，容易受到老师和同学的喜爱和欢迎，很少感觉孤独。其实情商就是一种能力，是一种创造，又是一种技巧。既然是技巧就会有规律可循，就能被人们所掌握，就可以熟能生巧。只要让孩子多一点儿勇气、多一点儿机智、多一点儿磨炼、多一点儿感情投资，孩子们也会像“情商高手”一样，营造一个有利于自己生存的宽松环境，建立一个属于自己的交际圈，创造一个更好发挥自己才能的空间。

提高孩子的情商应先由父母做起

父母箴言

消极的情绪无助于问题的解决，反而会像传染病一样在全家弥漫。所以，父母应当以理智的头脑控制自己的情绪，应该学会掌握调节自己的情绪，同时帮助孩子摆脱消极情绪的控制，学会自我调适，变得乐观自信起来。

家庭是培养孩子情商的第一所学校，是孩子情感发展的基石。在家里，他们将学到许多基本知识，比如他们的自我观察，别人对自己的反应，如何看待自己的感觉，如何洞悉别人的情绪与表达自己的喜怒哀乐，等等。根据研究显示，父母对待子女的方式，对子女的情感世界有长远而深刻的影响。因此，想要孩子具有高情商，父母必须力争做到以下五点。

1. 为孩子树立良好的榜样

父母的一言一行、一举一动，无不对孩子起着潜移默化的影响和作用。因此，父母要以身作则，凡是要求孩子做到的，首先自己要做到，用榜样的力量去影响孩子。

2. 父母要用好的情绪影响孩子

孩子的情绪往往受家长的影响，平时在生活中，家长要用热情、豁达、乐观、友善等好情绪对待孩子和他人，控制住自己不好的情绪，这样孩子才会具有活泼、大方、快乐、关心他人的优良情绪和性格。同时大人还要及时排除孩子恐惧、抑郁、悲伤、愤怒等不易被社会接受的坏情绪。父母还要让孩子懂得：在什么场合应该用什么样的情绪，以便让孩子能自觉地掌握方法，逐渐形成自我控制情绪的能力。

3. 要注意孩子情感的细微变化

父母要与孩子做一些心灵沟通，做孩子的知心朋友。对于孩子的要求，只要是合理的、能够满足的，父母应该尽量给予满足；不合理的、不能满足的，则要向孩子说明不能满足的道理。父母千万不能不关心孩子的情感变化，也不能让孩子放任自流，更不能动辄训斥、打骂，压抑孩子的情感流露。相反，父母应让孩子的情感得到合理的释放，并要了解它产生的原因，需要解决的，应及时加以解决。

4. 要为孩子创造各种人际交往的条件

如果家里来了客人，父母要让孩子相识相伴、沏茶接待。父母也要适当带孩子去参加一些聚会、晚会，让孩子见见各种场面，学习与各种人打交道。另外，带孩子上街时，要鼓励孩子问路。乘车、进公园、购物等，都可由孩子付费。孩子在幼儿园或学校当了小干部，都要予以积极鼓励和支持。

5. 要带孩子多参加各种集体活动

在集体活动中，孩子与同龄的小朋友一起生活游戏，他们会相互教会怎样玩耍、怎样相处、怎样生活。父母要欢迎孩子的朋友到自己家里来玩，也要鼓励自己的孩子到别的小朋友家里去玩。在孩子与其他小朋友交往的过程中，父母要教育自己的孩子严以律己、宽以待人、互相信赖、彼此尊重。

教孩子学会情绪的自我调适，是父母们日常生活中应该特别给予关注的。

“啪、啪！哗啦！哗啦！”小辉又在摔东西了，这次可非同一般，他摔碎了爸爸心爱的瓷茶杯，还砸坏了妈妈梳妆台上的大镜子，接下来是一场“疾风暴雨”。当小辉被三四个大人“押”到心理老师面前时，他手上缠着纱布，脸上、手臂上都有青紫的伤痕。父母回避后，小辉对心理老师慢慢道出自己的苦衷：“还不是因为我期中考试没有考好？父母不许我做任何解释，这次题目特别难，班上十几个人没及格，我都及格了，比上学期名次还提高了。可爸妈不相信我，说我贪玩、不努力，我能不跟他们急吗？我一回到家里就感到特别压抑。我学习很努力，可没有父母期望的那么好。爸爸见到我总是板着脸，除了问学习没有别的话说，我出点小错就打骂，他手可狠了，摔东西可厉害了，老拿我当作出气筒；妈妈爱唠叨，又动不动就哭天抹泪的；爷爷有心脏病，不让大声说话；只有奶奶真疼我，可又管不了爸爸。一放了学，家里人都不让我出去，说我脾气大，怕我惹事，不让我下楼踢球，也不让听音乐，我觉得家里简直像牢笼一样！我心里一感到难过，就想学爸爸的样子摔东西，听到那刺激的响声，我才觉得心里痛快些！”

其实，所谓脾气大、情绪易波动的青少年，往往是情商较高的孩子，同时也是因为他们的神经系统属于强型，所谓“发脾气”，是因为缺乏宣泄和表白的机会，只不过是想让父母了解自己的内心。近年来，“情商”这个时髦的心理学名词引起人们的兴趣，是有一定道理的，因为情商是人的非智力因素的核心内容，也是一个人事业成功的关键性因素之一。情商包含三方面的内容：

一是正确表达和适度控制自己情感的能力；二是理解和接纳他人情感的能力；三是与他人交流情感，以自己情感影响和感染他人的能力。在家庭教育中，应重视对孩子的情感教育，家长应引导孩子努力提高情商，懂得爱自己和爱别人。

西方医学奠基人希波克拉底曾经说，躯体本身就是疾病的良医。七情六欲，人所共有之。但是，同样是情绪，可以给人带来健康，也可以给人带来疾病。而人本来就有能力和办法来控制和调节自己的情感和情绪，使之利于健康和生命。儿童、青少年处在心理尚不成熟、情绪情感十分丰富而脆弱，且又复杂多变的时期。在家庭中，父母的情绪直接影响孩子的情绪，是孩子情绪的主要“影响源”。因此，父母应该学会驾驭自己的情感，提高自己的情商，保持自己情绪的乐观、稳定，给孩子做出健康情感的榜样。并成为孩子情绪的镇静剂、安慰剂和调节剂。

喜怒哀乐，人皆有之。在家庭中，教孩子学会情绪的自我调适，以下建议可供父母们参考。

加强自身的情感训练，提高自身的素质，具备基本的情商。对孩子细心一些，发现孩子情绪不佳时，要懂得理解孩子的感受，努力去了解引起孩子情绪不佳的前因后果，进而协助孩子以适当的方法抚平情绪。

帮助孩子建立自信心，培养他们的同情心，促进其情商的发展。每天和孩子聊天 10 ~ 20 分钟。为了避免拘束，可以采用共同游戏、文体活动，或者是在睡前陪伴孩子一会儿等方式，营造一种轻松温馨的气氛，使孩子愿意说出想说的话。营造轻松活泼的气氛，保持乐观、平和的心境，处事不惊，顺其自然，应变能力较强，知足者常乐，能够轻松做事。

开朗豁达处世。凡事想得开，对人大度开明，虚怀若谷，在家庭中讲究宽容，有话好好说，运用对话、谈心、讨论等方式与孩子进行心理沟通。

保持深邃稳定的人格魅力。遇到任何事情能够镇定自若，引导孩子善于以自信和自强之心来战胜挫折和失败，使他们真正学会主宰自己的情绪。以幽默机智化解家人之间的矛盾。要能够承受一切外界和内心变化所带来的危机，总是会转危为安，保证在家里不动武、不喊叫，以幽默机智，保持和谐平静的气氛。

如果父母出现言行、情绪失控的情况，向孩子发了脾气，则应当在事后做检讨。反省自己，以得到孩子的理解和原谅。

对于进入青春期年龄的孩子，父母更要注意尽量不与孩子发生正面冲突，而是要心平气和，冷静处理所有的问题。

情感的交流是相互的。父母也应该将自己的喜怒哀乐告诉孩子，使他学会关注别人的内心，学会分享别人的快乐，分担父母的忧愁和烦恼。

鼓励与肯定孩子对不同情绪的表达。尤其是对不好的情绪，也要表示理解和尊重；还要教孩子通过正确的方式宣泄负面情绪，比如，通过向亲人倾诉，达到敞开心扉，缓解紧张焦虑情绪的目的。

培养孩子对艺术的爱好，以使他的情绪得到转移和升华。引导孩子学会专注地欣赏艺术作品，让孩子明白，这是一种艺术修养，可提高一个人的品位。使孩子学会用音乐、绘画、朗诵、作诗等方式来表达自己的内心，也是完全可以逐步实现的。

培养孩子的语言表达能力

父母箴言

一个语言表达能力强的孩子，往往会赢得老师、父母、同学和朋友的尊重和喜欢；而一个语言表达能力弱的孩子，通常会在不知不觉间得罪人。培养孩子的语言表达能力，是教育孩子的第一步，它是架起孩子自信与能力的一座桥梁。

心口相应，言为心声。语言是人们表达思想、是人与人之间进行交流和沟通的工具。人生中最好的语言发展时期是儿童时期。通过语言，孩子可以获得知识技能，可以养成一定的行为习惯，可以和别人交流，可以做很多事情。总之，人在很多时候都需要语言的陪伴。通过语言的表达可以促进孩子的沟通能力，所以，父母要学会倾听孩子并鼓励孩子多说话。当孩子在兴致勃勃地向父母诉说某件事，或是描述某件事物的时候，父母要以一个朋友的身份去倾听他，并试着从不同的角度去刺激孩子多说话。

语言是作用最广泛的一种交往的工具，在和别人交往的时候，能否恰当地使用语言，是一个人交往成败的关键。一个人很可能会因为自己的“不会说话”，缺乏有效的语言表达，而使别人觉得自己没有被尊重，从而不再与其交往，这就是言语所造成的失误。所以说，有效的语言表达方式是交往的必要条件。同样，一个语言语表达能力的孩子，往往会赢得老师、父母、同学和朋友的尊重和喜欢；而一个语言表达能力弱的孩子，通常会在不知不觉间得罪人，让人觉得讨厌。所以，父母一定要从小就培养孩子语言表达的能力，让孩子在和别人交往的时候没有语言方面的烦恼。

那么，父母应该怎样培养孩子的语言表达能力呢？

1. 不要混淆孩子的发音

当孩子在学习语言之前，会有一段说话很不清楚的、模糊的发音期，那个时候的孩子所说的话一般都是片段而不完整的，这是因为孩子的智力还没有发展到可以对语言运用自如的程度。而有的父母在和孩子交谈的时候，常常会迎合孩子的声音或者是说话的方式，可能是父母觉得这样做可以更亲近地和孩子进行交流，实际上，这样做非常不利于孩子的智力增长。如果父母一直去刻意模仿孩子的语气和说话方式与孩子交谈，这样只会延长孩子使用片段语言的时间，并且会使孩子的思维长时间处于一种停滞状态。

比如，有的父母在让孩子认识事物的时候，把猫叫作“喵喵”，把狗叫作“汪汪”，这样做只会让孩子对叫声类似的动物产生一种模糊的概念。所以，当父母在教孩子说话的时候，一定要用正确的发音和孩子交流。

2. 丰富孩子的词汇

当孩子开始说话的时候，父母要注意丰富孩子的词汇，父母可以通过和孩子谈论身边的事物让孩子记一些简单的词语，但是绝对不可以让孩子死记硬背。比如家里所摆设的家具、厨房中所用的炊具以及院子里的花草树木，父母一定要用正确的发音告诉孩子这些事物的名字。然后再渐渐地让孩子对每个事物的组成部分进行仔细地分别，并且让孩子学会用一些形容词和动词来描述它们。这样，就会让孩子的词汇丰富起来。父母也可以通过讲故事来扩展孩子知识面，丰富孩子的词汇。最好是让孩子一边听故事一边重复故事，这样可以加深孩子对词汇的记忆。但是，有一点父母必须记住，在丰富孩子的词汇量时一定不可以操之过急，因为丰富孩子词汇的教育过程是循序渐进的，一旦操之过急，会产生物极必反的效果。

3. 给孩子说话的机会

语言是通过说话表达出来的，所以，父母一定要找机会让孩子自己说话，鼓励孩子说话的勇气。父母可以让孩子复述给他讲述的故事，或是让他讲一下今天所发生的事情；父母还可以在和孩子一起做事情的时候跟孩子多做一些交流，并制造一些让孩子说话的机会，这些对培养孩子的语言表达能力都起着非常重要的作用。

4. 说话时要顾及对方

当父母和孩子说话的时候，一定注意不要让孩子只顾着自己说，或是只说关于自己的事情，老是把话题围绕着自己打转。应该让孩子学会顾及对方，谈一些让大家都有兴趣的话题，也可以把重点放在对方关心的事情上，还要留心对方有没有欲言又止的动作，如果有的话，一定要主动询问，绝对不可以视而不见。这是和别人交流时最重要的一点。

5. 父母要注意与孩子对话的方式

很多家长可能还没有意识到这个问题的重要性。因为在父母的眼里，和自己说话的那个人又不是外人，他是自己的孩子，没有必要去在意什么对话的方式。如果和自己的孩子说话时还得去绞尽脑汁地“绕圈子”，这样不是太愚蠢了吗？可是，孩子的模仿能力是非常强的，你和孩子说话时所表现出来的方式、展现出来的特色以及说话时的语气都可能成为孩子模仿的对象。而且，有些父母常常会在家庭教育中用命令的口气和孩子说话，这种口气很容易使孩子产生逆反的心理。如果父母换一种说话的方式，很委婉地将自己的意思表达出来，这样会让孩子更容易接受。

其实对话的方式不仅仅只限于讲话的语气，更重要的是内容的表达。所以，父母在平常的言行或是在和孩子交谈的方式上一定要注意。

一个人的智力发展和形成概念的方法，在很大程度上是取决于语言的。对于孩子来说，有效的语言表达是学会与人共处的重要内容。如果说倾听的态度更多是需要一种修炼来支撑，那么说话的风度则更多是需要一种素养来呵护。在增进素养中学会说话，在学会说话中学习共处。

让孩子敢于承认错误

父母箴言

在孩子成长的过程中，一定会犯错误，但是也会改正错误。父母要做的就是怎么样让孩子认识错误、敢于承认错误，让他在错误中发现不足，在改正错误中成长。

每个人都会有做错事的时候，不论是大人还是孩子。当孩子做错事情时，重要的不是错误本身，而是父母怎么样让孩子认识到他的错误以及承认错误。如果孩子只是说自己错了，但是却说不出自己到底错在哪儿，那么只能让他意识到错误，却不能让他清楚地认识错误。所以，当面对孩子犯错的时候，父母要让孩子用自己的眼光去看，用自己的头脑去想，然后再帮助孩子分析错误的原因，把道理讲明白。然后给孩子改过的机会，从精神上善待孩子，千万不要随便给孩子"定罪"。

所有父母都希望自己的孩子能认真学习。甚至有的父母会说："孩子，只要你念好了书，什么你都不用管。"这样做，只会抹杀孩子的责任心，让孩子觉得只要读好书，其他事情和他一点儿关系都没有。其实，只有唤醒孩子的责任心，才能让孩子在心理、思想上起到深层次的变化，才能让孩子对错误的观念有所认知。父母想要让孩子学会发现错误，只有了解了孩子的能力、性格及孩子所特有的心态，才能对孩子循循善诱，使他们能认清方向，少走弯路，早日成功。

虽然说要避免发生错误，但是，错误所教给你的东西是你在任何地方都不可能学到的。然而，唯恐犯错的心理往往会使孩子不敢去尝试新生事物或承担风险。

那么，父母怎么做才能让孩子敢于承认错误呢？

1. 理性分析孩子的错误

担负着教育孩子成长重担的父母，都希望自己的孩子有出息，那么做父母的就应该从正确对待孩子的错误开始。由于孩子年龄小，犯错误是经常的，也是不可避免的。有一句话说得非常有道理，“孩子是伴随着错误成长的”。是的，孩子在成长的过程中总会犯这样或是那样的错误，而做父母的责任就是要一次次把孩子从错误的边缘拉回来。

可是有些父母对待孩子的错误所用的方法却是不正确的。他们有的对孩子百般溺爱，于是会对孩子的错误听之任之，一味地顺从；有的会对孩子采取粗暴的手段，一旦孩子犯了错误，轻则吹胡子瞪眼，重则拳脚相加。如果一味地对孩子所犯的错误听之任之的话，就会使孩子在错误的道路上越走越远，养成许多坏习惯；如果对孩子采用粗暴的手段就会容易使孩子幼小的心灵受到伤害，造成逆反心理，容易形成心理障碍。

所以，想要做称职的父母，既不能因为爱孩子而一味娇惯，也不能以严格要求为名，用粗野的方式，挫伤孩子幼小的心灵，而是要实事求是、一分为二地看待孩子的错误，对孩子的错误，进行合情合理的分析。对孩子先肯定，让孩子在和谐的气氛中主动认识到自己的错误，让温暖的春风吹去孩子心中的灰尘，让爱充满孩子的心，在爱的氛围中使孩子受到教育、感化。

2. 低声调批评孩子

孩子有缺点错误，父母理所当然对其进行及时的批评教育。可是，有的父母一旦发现了孩子的错误，就会对孩子大喊大叫，似乎这样做就可以产生一种威慑效果，从而让孩子认识到错误，并且改正错误。其实，并不是这样，父母的大叫大喊，只会引起孩子的反感，甚至会加剧亲子间的紧张关系，对孩子的教育是起不到丝毫作用的。

言语声调，作为人际交往的一种工具，能表达人的思想和感情。不同的声调，会让听的人产生不同的感受。用低声调对孩子进行批评，会减轻孩子的心理压力和精神负担，减少孩子的逆反心理，也容易缩短父母和子女之间的心理距离。有的父母觉得自己是真心实意地疼爱孩子，对孩子随便喊几声或是骂几句没有关系。但是，孩子可不会这么想，他们会认为，高声调的批评是在贬低自己，而低声调的批评则是对自己的尊重。

3. 教育孩子每日反省自己

孩子有时并不知道自己所认识的东西是错误的，也可能不明白自己做错了什么事。他会用他的眼光去看，用他的头脑去想，这样难免不受到限制。所以，父母要教会孩子养成学会发现错误，这样，才能使他们认清方向。父母要培养孩子反省自己错误的习惯，因为这比父母或他人指出其错误再改正效果更好。

4. 合理地进行处罚

当孩子做了错事之后，对孩子进行惩罚是绝对必要的，这也是对不良思想、行为所给予的否定的评价。在不同的教育手段中，如果说赞扬是从正面来强化良好的品德行为的话，那么惩罚就是一种反向的强化刺激。它的目的是降低错误品德和行为再现的频率，或阻止它的发生。在对孩子进行惩罚的时候，大人要掌握好分寸，一定要非常耐心和谨慎，所以说，惩罚是一种最复杂、最困难的教育方法。如果一定要对孩子进行惩罚的话，一定要考虑好时间、条件以及具体的情况是不是合适，考虑好这种惩罚是不是有助于纠正孩子的不良行为，让他做到今后不再犯类似的错误，等等。如果因为父母的惩罚而让孩子身体上感到痛苦、思想上受到压抑、心理上产生恐惧的话，只能说明这样的惩罚是失败的。

所以，当父母要惩罚孩子的时候，一定要把事情进行全方位的分析，做到合理的处罚。

5. 父母应勇于向孩子道歉

现在社会对于“道歉”已经是越来越重视了，甚至还出现了各种各样的“道歉公司”。这些都标志着社会的进步。但是，虽然道歉在社会上非常普遍，但在家庭中却没有体现出来，许多人在家中从来不道歉，尤其是父母，他们从来不愿向孩子道歉。

在一个家庭中，如果父母做错了事情，却从来不向孩子承认自己的过失和缺点，只会让孩子产生一种“父母是永远正确而事实上却老是出错”的观念。慢慢地，孩子就会把父母的一些正确教诲抛在脑后。如果父母能够在做错事情之后向孩子认真地承认错误，就会让孩子形成一种“承认错误并不是一件可耻的事情”的观念，这样就会提高孩子分辨是非的能力，也会让孩子尝到原谅别人的甜头。有些父母会在孩子“闯祸”以后，由于一时的感情冲动，会对孩子进行一些不恰当的或是过重的批评或惩罚。但是事过之后，父母又往往会后悔那么做，或是认为自己对孩子惩罚得太重了。这个时候，如果父母能够勇敢并且真诚地向孩子承认错误，用自己的行为来补救自己的“过失”，这样就会给孩子做出一个敢于承认错误的良好的榜样。

第二章

培养孩子的优秀品质

培养出一个有责任心的孩子

父母箴言

孩子并不是天生具有责任心的，它是在适宜的条件和精心的培养下，随着年龄的增长和心理的发展而形成的。家庭是孩子责任心赖以滋长的土壤，父母对待孩子的态度、教育孩子的方法是他能否健康成长的重要条件。

责任心是孩子健全人格的基础，父母都希望自己的孩子有责任心，因为责任心是一个人立足于复杂的社会，能担当重任的重要条件。

责任心，是指一个人对自己和他人，对家庭和集体，对国家和社会所负责任的认识、情感和信念，以及相应的遵守规范、承担责任和履行义务的自觉态度。责任心是孩子健全人格的基础，是能力发展的催化剂。每个人都有一种积极向上的内在趋势。孩子在幼儿阶段所表现出的各种主动尝试的愿望，正是一种责任心的萌芽。例如，幼儿独立吃饭、试穿衣服、手脏了自己洗等行为都是孩子责任心的表现。父母的责任是密切地关注他、帮助他、鼓励他，在他尝试的过程中，培养其意识，增强其自信，逐步成为独立自主，对个人、对社会负责的人。

责任心的培养应遵循这样一个规律：从自己到他人，从家庭到学校；从小事到大事，从具体到抽象。不可想象，对自己不能负责的人，何谈对他人负责？对家庭没有责任心，何谈对社会有责任心？因此，家长对孩子责任心的培养应从家庭做起，从日常生活的小事抓起，循序渐进，由近及远，从具体到抽象。

有责任心的孩子能运用他自己的智慧、信心和判断力去做出决定，独立行事，考虑他的行为后果，并且在不影响他人权利的情况下实现自己的需要。他们明白自己的义务，并主动履行义务，并愿意承担自己行为的后果。

家庭责任心主要是指能尊重其他家庭成员的权利，自愿承担家庭义务，为自己的行为承担责任。一个具有家庭责任心的孩子，不仅能在现在的家庭生活中扮演好家庭成员的角色，在未来的生活中也有能力组织好属于自己的家庭。他的一生不仅能享受到家庭生活的充实、快乐，同时，也能营造出温馨、和睦的家庭气氛。

孩子作为家庭的一名成员，既应该享受其权利，当然也应承担一定的家庭责任，包括承担一定分量的家务劳动。父母可以通过鼓励、期望、奖惩等方式，督促孩子履行职责，培养其责任心。

如果一个孩子在家庭中的责任心难以确立，将来走上社会，就很难有社会责任心。

培养孩子的家庭责任感不仅在于家长是否具有家庭责任感，还在于家长是否给孩子锻炼的机会。如果你不是一个尽职尽责的父亲或母亲，怎能对孩子进行责任心的教育呢？父亲与朋友玩麻将通宵达旦，不顾及对家人的干扰；母亲忙于在外应酬，家里一团糟，这样的父母又有什么理由和资格去埋怨孩子不愿回家呢？

在一个专制的大人王国里，也难以培养出有家庭责任感的孩子。因为家长对孩子控制得太死，管制得太多，使孩子没有机会就某件事做出负责的行为，孩子做事只是服从，听命于大人的意见，而我们强调的责任感并不是指你的孩子按照你告诉他的方式去行事，而是他能主动发现并自主地做出反应。

只有民主的家庭，才是家庭责任感生长的最佳环境。在这样的家庭里，家长和孩子相互独立，但并非各行其是，漠不关心，而是彼此尊重又相互关照的。孩子受到重视，家长具有威信。在讨论家庭中的责任与分工之前，父母应该想一下自己是否是一个有家庭责任感的人？自己惯用的教养态度和方式是否有利于孩子责任心的培养？在抱怨自己的孩子缺乏责任感之前，先检查一下自己是不是孩子的榜样。然后就有可能从抱怨孩子转而反思自己。要想改变孩子，也应当从改变自己开始。这是最关键的问题。

在家庭生活中如何创造或抓住机会培养孩子的责任感呢？关键是父母必须赋予孩子一定的责任，以便有针对性地进行教育。空洞的说教是不能培养孩子的责任心的。通过赋予孩子责任，或感受他们自己某些行为的不良后果，才能培养孩子的责任心。

那么如何培养孩子的责任感呢？

1. 自己分内的事自己做好

在家中应该明确哪些事情是由爸爸妈妈来做的，哪些事情可以由爸爸妈妈帮孩子做，又有哪些事情是必须由孩子自己做的。对第三类事情必须给孩子一个明确的概念和范围，在不同的年龄给他制定不同难度的自理工作范围，对于这些父母绝不要包办代替。

2. 家里的事、别人的事帮着做

要让孩子明白，仅把自己的事做好是不够的，因为他还是家庭、集体中的一员，他还有责任协助做一些家里的事、集体的事，以此来为家庭、集体尽责，只有这样，将来才能为社会尽责。要对自己的行为后果负责，就要善于抓住生活中的点滴小事，无论事情的结果好坏，只要是孩子的独立行为结果，就要鼓励他敢做敢当，不要逃避，要勇于承担后果。家长不应替他承担一切，以免淡漠孩子的责任感。

3. 要履行自己的诺言

从小教育孩子，自己答应了别人、许下了诺言就要尽全力履行诺言，即使自己不情愿也要这样做，因为这样做是对别人负责，也是对自己负责。

4. 要积极参加社会公益活动

要教育孩子自己是社会集体中的一员，权利与义务是并存的，他有义务为社会做自己力所能及的事，这是培养孩子对社会负责的重要途径。

孩子并不是天生具有责任心的，他是在适宜的条件和精心的培养下，随着年龄的增长和心理的发展而形成的。家庭是孩子责任心赖以滋长的土壤，父母对待孩子的态度、教育孩子的方法是他能否健康成长的重要条件。

在家庭环境中有责任心的孩子，才能在更复杂的学校、社会环境中经受考验，得到修正和磨炼，最终成为一个自强、自立的人。

有意识地培养孩子的自立能力

父母箴言

不能自立的孩子无法在社会中生存，所以，真正的教育并不是给孩子以援助，而是传授孩子独立生存的本领。遇到问题，父母要告诉孩子处理方法，有意识地培养孩子的自立能力，这样才能让孩子成为一个强者。

动物会在孩子长大后把它们从身边赶走，逼迫孩子去独自生存。这种行为看似残忍，实则最有利于孩子的成长。作为高级动物的人类，有多少父母能狠下心这样做？父母对孩子发自内心的百般呵护，是爱孩子还是害孩子？为什么现在许多孩子的自立能力这么差呢？

在发达国家的家庭里，父母们普遍重视从小培养孩子的自立能力和自强精神，因为发达的市场经济要求社会成员必须具备这种能力和精神。

瑞士的父母要求女儿初中一毕业就去有教养的人家当一年左右的女佣人，上午劳动，下午上学。这样做，既可以锻炼孩子的劳动能力，还有利于孩子学习语言。因为瑞士有的地区讲德语，有的地区讲法语，所以女孩子可以边当佣人边学语言。其中也有相当多的人以同样的办法到英国学习英语。掌握了三门语言后，就去办事处、银行或商店就职。

在德国，家长培养孩子从小就自己的事情自己做，从不包办代替。法律还规定，孩子到 14 岁就要在家里承担一些义务，比如要替全家人擦皮鞋等。这样做，不仅是为了培养孩子的劳动能力，也有利于培养孩子的社会责任感。

日本的父母在孩子很小的时候，就给他们灌输“不给别人添麻烦”的思想。全家人外出旅行，不论多么小的孩子，都会无一例外地背一个小背包。因为里边装的是他们自己的东西，父母觉得应该由孩子自己来背。孩子上学以后，大都要在课余时间参加社会劳动挣钱。大学生常靠在饭店端盘子、洗碗，在商店售货，做家庭教师等挣自己的学费。

美国父母培养孩子的出发点是，把孩子培养成富有开拓精神、能够自食其力的人。美国人在孩子刚刚出生时，就开始培养孩子的独立性，让孩子与父母分床、分室而居。孩子逐渐长大，父母就开始刺激孩子的欲望，“你想做什么，你可以去做，你可以失败”。无论是孩子踢被子也好，摔东西也罢，这些都是孩子做事的欲望，正是这种日常事件刺激着孩子的欲望。

美国父母在孩子很小的时候就让他们认识劳动的价值，让孩子自己动手修理、装配摩托车，到社会上参加劳动。即使是富家子弟，也要自谋生路。农民家庭要孩子分担家里的割草、粉刷房屋、简单木工修理等活计。此外，还要外出当杂工，出卖体力，如夏天替人推割草机，冬天帮人铲雪，秋天帮人扫落叶，等等。因此，十几岁的孩子独立承担大人的一些事情是常有的事，他们可以独立开车，独立做裁判，独立做一些事情赚钱，这些都是父母从小培养独立性的体现。可见，培养孩子的独立性不可忽视。

有人认为美国的父母很自私，夫妻二人去看电影，而把刚出生不久的孩子丢给保姆；夫妻二人睡一个房间，而把孩子独自一人留在自己的小睡房……美国人是不是不爱孩子？相反，中国父母虽然用对孩子100分的爱，来证明自己是多么的称职，而恰恰是这种爱，很多时候扼杀了孩子的独立性、自信心，甚至孩子将来的成功。

独立是一种很重要的品质，从小不培养孩子的独立性，孩子很难建立自信，而没有强烈的自信心，也很难有较强的独立性，也就很难成功。

那么，父母应怎样从小培养孩子的独立性呢？

1. 不要把孩子想得那么娇气

新生儿看上去很娇嫩，很多父母总是担心："别伤着孩子。"其实，孩子是没那么娇气的。孩子有近四公斤体重时就开始自行调节体温了；他们甚至对大部分病菌也有了良好的抵抗力；他们每时每日都在成长。即便是刚出生不久、极度需要照顾的婴儿也仍然是一个独立的个体，他的内在成长力是未来独立的基础。所以，不必担心孩子将软软的头颈向后仰了就会伤着，也不必为孩子尚未闭合的囟门而担惊受怕，因为它非常结实，足以保护孩子了。

2. 关爱孩子，但切忌过度照顾

孩子对母亲的依恋始于婴儿出生后最初几天的母子接触。之后孩子会越来越依赖父母或其他直接照管者。依恋是孩子对亲情的需要和体验，是一种情绪反应。安全性的依恋对孩子的心理健康有利，是日后社会关系形成的基础。依恋发展正常的孩子，并不需要成人时时伴随。只要在孩子有需要时，父母能出现在他身旁，满足其生理和心理的需要，其他时间孩子是能够独处的。

因此，忙碌中的父母，要尽可能地去关爱孩子，这是对幼儿的最佳教养方式。你可以在进厨房时，把坐在车内的孩子推到身边；你在读书写作时，抽空对他微笑，和他玩一会儿；也可以在睡前给他讲故事、朗诵诗歌……总之，父母和孩子各自拥有空间和时间，这样，孩子才会更快乐，与父母更亲密。

父母切忌过度照顾孩子。父母一刻不离孩子，只会让孩子形成过度的依恋。这种不正常的情绪反应，对孩子独立性的发展是十分不利的。

3. 离开时要向孩子打招呼

孩子一岁半到两岁半之间对父母的依恋最强烈。专家指出，如果孩子到了两岁左右还没有依恋，或者孩子到了三岁以后，依恋性还非常强的话，都不利于孩子将来走向独立。

也就是说，孩子在一岁半到两岁半之间，依恋妈妈是非常正常的。这是孩子生长发育的一个过程，是孩子自我意识形成的阶段，这时孩子接受新鲜事物需要有一个转折。父母一定要把握这个过渡期，不然的话，往往就会伤害到孩子。

在与孩子分开的时候，父母要向孩子打招呼，包括提前的打招呼预防。比如说妈妈待会儿要上班。先让孩子对你将要做什么有一个基本的了解，基本的感受。即便到时候，孩子仍会有情绪反应，父母也要跟孩子说再见，这样的话孩子就很明确，你的确是走了。如果父母偷偷溜走，一会儿孩子发现妈妈不在，就会觉得很奇怪："妈妈刚才还在，为什么现在不见了？"反而会给孩子造成焦虑。

父母要把孩子分离的焦虑，变成一种重逢的期待。父母可以告诉孩子，比如说你睡醒了妈妈就回来了，你吃完点心妈妈就回来了。回来之后再加以印证："是不是你吃完饭，妈妈就回来了？"这样逐渐让孩子适应。

4. 让孩子在集体中发展独立性

孩子进幼儿园的初期，往往会产生恐惧和不安的情绪。解决好这一问题，对父母和孩子都是一个考验。

父母自身对孩子参加第一个社会团体要做好充分的思想准备，以积极愉快的态度让孩子快快乐乐进幼儿园。父母可以让孩子从小就接触同伴；经常让他到大自然中去；让他和其他成人接触；入幼儿园时向教师详细介绍孩子的特点和情感表现，让老师多帮助孩子。这样，孩子就会逐步成为集体中的一员，在集体中培养发展出来的独立性更具社会价值。当孩子学会自己照顾自己，自己排队，自己洗手，自己做一切能做的事，甚至独立操作和解决一些困难时，独立和自信就能自然发展。

5. 合理利用孩子的独立意识

2 ~ 3 岁的孩子独立意识很强，想要摆脱父母种种束缚，他能力不够，却事事都想“自己来”。

比如，该吃饭了，妈妈习惯性地坐在孩子身边准备喂他。谁知孩子的小手紧紧地抓住饭碗，说：“自己喂，自己喂，不让妈妈喂。”这时父母应让孩子自己吃，教孩子怎样拿饭碗，怎样拿勺子，怎样往嘴里送，妈妈自己再拿一把勺子，适时地帮孩子一下。并及时地夸奖孩子：“宝贝真棒！会吃饭了！”孩子就会很高兴，从而体会到自己做事的乐趣。

相反，如果父母忽视孩子身体活动的需要和心理成长的需要，事事代劳，处处设防，就会引起孩子的“反抗”。父母应当细心观察孩子，了解孩子的独立意向；相信孩子，放手让孩子做自己想做又能做的事，并对孩子经过努力做成的事给予适当鼓励；让孩子在游戏中扮演大人，照顾娃娃；给孩子更多的行动自由，养成必要的独立习惯。这样，孩子发展的独立倾向就得到了保护，孩子就能顺利成长。

独立性与孩子的自我意识、情感发展、智慧增长、个性成长密切相关，是关乎孩子未来能否成功的重要心理品质。因此，父母应该把爱“隐藏”起来一点，让孩子在独立中成长吧！

培养孩子诚实守信的好习惯

父母箴言

从小培养孩子诚实守信的好习惯，对于孩子来说终身受益。要从小事中培养，在大事中受用。久而久之，孩子就会变得格外信守诺言。

诚实守信是一个人最基本、也是最重要的品格，我们要把它作为人格教育的起点，诚实守信是一种言出必行、互不欺骗的优良品格。教育孩子养成诚实守信的好习惯，对孩子的成长是有很大影响的。要让孩子明白：一个人要诚实、不说谎、信守诺言，才能够建立起自己良好的信誉；如果经常说谎，会令人觉得你的话不可靠，到你说真话的时候，别人也可能仍然不相信，到那时就后悔莫及了。

生活在社会大家庭中，每个人的行为都要受到社会规范的约束。社会规范不是玄妙的观念，也不是空洞的说教，它是一种行为准则，是植根于我们头脑中的趋于本能的对事物的理解与尊重。不论社会发展到什么程度或处于哪个时代，都有属于这个时代特色的对社会规范的理解，有自己独特的价值系统。不论是国内还是国外，都有一些通用的对基本价值的尊重与遵守。这些基本的价值包括：诚实、勇敢、自律、忠诚、守信、无私和公正等。无论在家庭和学校，我们的孩子都在有意无意地接受这些价值观的熏陶，学校中更偏重于直接的灌输、纪律的约束和名誉的鼓励，那么在家庭中，如何有效地培养孩子的道德、价值观念呢？

1. 父母要敢于承认错误

孩子诚实守信品格的习惯，首先是从模仿开始的，做父母的如果答应了孩子的事情就一定要做，努力为孩子树立诚实守信的榜样。一旦父母没有遵守诺言，就意味着为孩子种下了一粒不守约的“种子”。如果父母真的无法遵守诺言，一定要以道歉的方法予以解决，并且一定要告诉孩子遵守诺言是一种好习惯。

“小安，我和你讲了许多次要遵时守约，否则会浪费别人的时间，也给别人留下不好的印象，你不这样认为吗？”

“的确不好，不过，也没有什么大不了的。”

父亲有些生气了：“千万别不把它当回事，你养成这样的毛病，长大会怎么样呢？还有谁会信任你呢？”

看见父亲生气，小安也有些沉不住气了：“你是大人了，不是也过得很不错吗？没见你有什么麻烦呀？”

“你是什么意思？”父亲不懂为什么话题扯到了自己身上。

“你大概忘记了，好几次你答应我来参加我们学校的活动，我都告诉老师你会来，可是到最后也没看到你的影子。”

父亲想了想，很快回答：“小安，我没有意识到自己的行为对你造成的影响，我当时的确有急事不能来，但我应当事先或事后同你解释一下，甚至去同你的老师解释，我真的很抱歉，你能原谅我吗？”

小安很有些感动：“没关系，我知道你很忙。下次打声招呼就可以了。”

“你们下一次家长座谈是什么时间？我一定安排好时间，当然，如有意外我会和你联系，好吗？”

在现实生活中，许多父母都有可能不自觉地对孩子讲了一些不诚实的话，或者讲过的话没有兑现。这时候，父母一定要放下架子，以平等的身份向孩子承认错误，这样仍然会赢得孩子的信任。要知道，只有家长做出了优秀的榜样，孩子才能受到良好的影响。孩子的道德观、价值观的构筑也是从生活中一点一滴的小事开始的。

2. 给孩子树立诚信的榜样

要纠正孩子的不守信用，父母首先要做到言行一致。孩子的模仿能力很强，很容易受到某种行为的暗示。如果父母言行不一，不履行承诺，孩子就会受到暗示，跟着模仿。例如，父母如果答应了孩子星期天带他到公园去玩，就一定要去。如果临时有事，也要先考虑事情重不重要，若不重要，就要坚守诺言；如果事情确实比较重要，一定要向孩子说明情况，并争取以后补上去公园的活动。而且，应该尽量避免这种推迟或失约的事情发生，这样才能取信于孩子。

曾子是我国著名的思想家。有一次，他的妻子要出门，儿子要跟着一起去。她觉得孩子跟着很不方便，想让孩子留在家里，于是对儿子说："好儿子，你别哭，你在家里等着，妈妈回来杀猪给你炖肉吃。"

儿子听说有肉吃，就答应留在家里。曾子把这一切看在眼里，记在心里。

当曾子的妻子回到家时，看到曾子正在磨刀，就问曾子磨刀做什么。曾子说："杀猪给儿子炖肉吃。"

妻子说："那只是说说哄孩子高兴的，怎么能当真呢？"

曾子语重心长地对妻子说："你要知道，孩子是欺骗不得的。如果父母说话不算数，孩子长大后就不会讲信用。"

于是，曾子与妻子一起把猪杀了，给儿子做了香喷喷的炖肉。

父母的这种诚信行为直接感染了儿子。一天晚上，儿子刚睡下又突然起来，从枕头下拿起一把竹简向外跑。曾子问他去做什么，儿子回答："我从朋友那里借书简时说好要今天还的，虽然现在很晚了，但再晚也要还给他，我不能言而无信呀！"曾子看着儿子跑出门，会心地笑了。

"人无信不立"，为了培养孩子的诚信习惯，在日常生活中，父母对待孩子一定要诚信，不要说话不算话。有位母亲经常警告孩子，如果撒谎，他的鼻子就会变长。有人问这位母亲："如果孩子真的撒谎了，你有办法让他真的长出一个长鼻子吗？"显然，这位妈妈对孩子说的话本身就是不现实的，用这种方式来教导孩子不要撒谎是非常不可取的。

3. 适当奖惩

父母的言行一致、赏罚分明，会对孩子产生积极的效果。如果事先与孩子定好了制度，父母就要认真对待。对孩子行为的优劣，设有一定的奖惩原则。奖要奖得头头是道，恰到好处；惩要惩得心服口服，适可而止。奖励之前，要让他明白原因，以鼓励孩子继续坚持好习惯；惩罚之前，要警告孩子，犯错之后一定要按照奖惩原则言出必行，并且对他讲清原因，告诉孩子其惩罚原因。

比如为了让孩子养成按时起床的好习惯，父亲和孩子有这样一个小协议：每天早上必须6点起床，否则要放弃吃早餐的权利，并且要为自己失信的行为负责。

如果孩子哪天起床晚了，父母要言出必行，父母一定要把早餐收起来，让孩子明白诺言是不可随意破坏的。其实早餐的本身并不是最重要的，而是让孩子明白每一个诺言都是认真的，是不可随意更改与破坏的。

诚信是人性一切优点的基础，诚信这种品质比其他任何品质更能赢得尊重和尊敬，更能取信于人。诚信是立身之本，是一个人最宝贵的财产，它不但能让孩子保持正直，挺直脊梁，光明磊落地做人，还能给孩子以力量和耐力。

培养孩子勤奋的美德

父母箴言

培养孩子对学习的热爱，对学习的勤奋精神以及让孩子接受一流的教育，是最重要的。事实上，一个孩子掌握知识的多与少，完全取决于他的勤奋程度。

“宝剑锋从磨砺出，梅花香自苦寒来。”意思是一切成功的背后都有辛酸的磨炼。只有具有坚忍不拔、吃苦耐劳的精神才能成才。

“书山有路勤为径，学海无涯苦作舟。”纵观历史我们会发现，不论是善于治国的政治家，还是胸怀韬略的军事家；不论是思维敏捷的思想家，还是智慧超群的科学家，他们之所以在事业上取得不同凡响的成就，都是与他们的勤奋好学分不开的。

在浩瀚的宇宙中，所有的事物都在根据自身的规律永不休止地运行着。“世界上最伟大的法则就是工作，”有人说，“工作使有机的事物缓慢而有条不紊地朝着自己的目标前进。”任何地方一旦停止了活动，那么，就一定会后退。我们一旦不再使用自己某个部分的器官，它们就会开始衰退。只有那些我们正在使用的东西，大自然才会赋予我们力量，而那也是我们唯一能支配的东西。

现在的父母们望子成龙的心情太过急切，常常重视孩子的智力开发而忘记培养孩子一些决定他们命运的好习惯。为了把你的孩子打造成一个你心目中的“天才”，就要用正确的、合理的方法去培养孩子，激发他们的斗智，通过自我努力、自我教育形成勤奋刻苦的好习惯。

以下是给父母们的一些建议。

1. 通过劳动促使孩子勤奋

勤奋不仅表现在学习上，更表现在工作和劳动上。当孩子走上社会后，他的勤奋就直接表现在工作中。因此，父母要从小就通过劳动来培养孩子勤奋工作的好习惯。

首先，父母要树立勤奋工作的榜样。许多时候，父母要做一些艰辛的工作。例如，在非常恶劣的环境中，长时间地从事体力劳动，做一些又脏又累的活等。如果父母咬紧牙关，认真地去做这些事，孩子也会学到父母的这种勤奋精神。

其次，告诉孩子零花钱需要通过自己的劳动去挣，如果孩子想获得更多的零花钱，他就得通过自己勤劳的双手去干活。这样做的目的就是让孩子懂得，只有努力干活才可以有收获，懒惰的人是什么也得不到的。这样，等孩子长大后，他就能够勤奋地工作了。

2. 让孩子有替父母分忧的孝心与责任感

经受过一番勤奋刻苦磨砺的人，一定是一个已经具备责任心的人。责任，不但是要对自己负责，也要对关心自己的人负责。

当一个孩子懂得了父母挣钱不易的时候，他就会想：我一定要争口气，让我的父母过上更好的生活。为了这个目标，他会更加勤奋刻苦地去学习，不辜负父母的一片苦心。

因此，让孩子有替父母分忧的孝心与责任感，往往会成为激励孩子去努力奋斗的一种动力。

3. 劳逸结合，不烦不腻

劳逸结合的办事效率远远高于死缠烂磨的办事效率，可以使孩子保持着对事物的兴趣和积极的态度。在做功课时要充分注意休息时间，让孩子舒展一下筋骨、放松一下精神状态。不要长久地磨时间去学习，那样既达不到学习的目的，也容易使孩子产生腻烦心理。所以，在教育过程中，父母要根据孩子的精神状况，让孩子进行适当的休息或调整。

4. 对孩子循循善诱

无论是意志还是毅力，孩子总是不如成人，为了让孩子养成勤奋的好习惯，父母不妨采用循循善诱的办法——就是有步骤地引导孩子去学习。循循善诱要注意几个问题：一是要注意培养孩子在学习方面的基本功，比如孩子要有一定的知识面；二是要注意适时的教育，引导孩子勤奋学习要抓住孩子有学习欲望的时候；三是要注意适量，孩子毕竟是孩子，不要以成人的标准去要求一个孩子，学习的内容不能越过孩子所能承受的范围；四是父母态度要平和，引导孩子勤奋学习应该怀有一种平常心，不要急于求成，否则只会得到适得其反的效果。

5. 父母要让孩子多听、多接触勤奋的事例

“天道酬勤”也好，“几分耕耘，几分收获”也好，这些都说明了养成勤奋刻苦好习惯的重要性。

父母要经常给孩子讲一些勤奋刻苦的事例，比如，古时“头悬梁，锥刺股”的学习精神与现代的学习环境作比较；在电视上所看到的奥运、亚运会或全国运动会上的金牌得主，他们训练的刻苦、拼搏的顽强，以及不夺金牌誓不罢休的毅力，无一不是勤奋刻苦的真实写照，等等。让他们明白，一个知难而退、怕苦怕累的人，是必然一事无成的。因为世界上没有一件东西是可以不劳而获的。“付出才会有收获”的道理，需要父母以身作则的榜样示范、孩子亲力亲为的亲身体验。

父母还可以通过讲一些名人勤奋好学的故事，让孩子知道，只要能克服艰苦条件而勤奋学习都是可以取得成功的。让孩子知道，能够克服艰苦条件而勤奋读书，是很不容易的一件事，在崎岖的奋斗中能坚持下来，更需要一种毅力。但是只要坚持下来，就能拥抱成功。

一个人若想成功其实并不太难，只要他能够勤奋地做人，勤奋地做事，勤奋地学习和积累。一个人勤奋的品质，就是他人生的资本。越勤奋的人财富就越多；越懒惰的人，所失去的人生机会也就越多，等待他的也只能是失败的人生。

第三章

培养孩子良好的人际关系

从小培养孩子善于交际的能力

父母箴言

善于与他人交往的孩子不仅能够从容地与同龄人交往，而且能够从容地与老师等成人交往。良好的人际交往是适应社会的表现，孩子是否善于同别人打交道，在人群中人缘如何，对他以后的学习和人生的发展有很大的影响。

卡耐基曾经说过，一个人的成功，他的专业知识所起的作用是 15%，而他的交际能力却占 85%。所以，和谐的人际关系以及高强的交往本领，是未来社会判断成功者的重要标准。因为，只要一个人生活在社会中，他就不得不和他人打交道。

人际交往是人与人之间相互联系的一种最基本的方式，是父母在教育孩子的过程中不可忽视的一项内容。如果你的孩子没有同龄的伙伴，那么这样的孩子就会缺乏集体主义的意识。当他们步入社会以后也会无所适从，或是不尊重他人，自傲、任性，或是封闭自己，自私、孤僻，种种不良的性格就会出现在他的身上。许多工作都是需要人们通过协作一起去完成的，所以，父母必须从小就培养孩子善于交际的好习惯。

其实不用父母强迫，孩子也总是希望能够和自己差不多大的孩子玩在一起，也希望会有几个在思想上、学习上或者生活中志同道合的朋友，希望可以从朋友那里获得鼓励、信任和支持。在与周围的人相处时，朋友的肯定态度总是多于否定的态度，孩子们就会感到与他人有一种休戚相关、安危与共的情感，并愿意牺牲自己的利益去为他人谋利益。

因此，父母要经常与孩子谈论关于朋友的话题，或是倾听孩子和他的朋友之间所发生的一些事情，千万不要阻拦或过多参与孩子们之间的交往，孩子们之间自有一套评价朋友好坏的标准。即使孩子们在交往中吃了亏，他自己也会从中吸取教训。

既然一个人的交际能力那么重要，父母应该怎样培养孩子善于交际的能力呢？

1. 多与孩子沟通

父母和孩子之间的沟通是培养孩子理解、关怀、接纳、自信和尊重心理的重要因素。有些父母不愿意与孩子共同探讨，他们认为那是浪费时间。只是一味地让孩子接纳自己的观点、尊重自己的权利，很少有父母会做一个换位思考。他们不会知道他们那样的教育方式，对孩子的内心平衡会产生多么不良的后果。所以，父母平时要多和孩子沟通，多了解孩子的想法，这样，才会有利于父母对孩子的教育。

2. 帮助孩子结交朋友

一个人不能离开朋友的陪伴，即使是孩子也需要伙伴，友情能使孩子有一种归属感，孩子和他的小伙伴之间会有共同的乐趣、共同的感情、共同的语言，所以孩子们都喜欢在一起。即使他们之间从不相识，甚至语言不通，孩子们也会一见如故，亲热地玩起来。所以，父母应该为孩子创造交友氛围，让孩子们之间建立起温馨美好的感情。在这种气氛熏陶下，孩子们就会相处得快乐融洽。在孩子们相处的过程中，给予他们正确的引导和支持，通过接纳他的朋友、招待他的朋友等种种方法帮助并鼓励孩子与人交友。

3. 多参加集体活动

父母应该鼓励孩子多参加团体活动，让自己融入集体生活中。在集体活动中做一些自己能做的事情，加强与同学的交往，增加同学对自己的好感和信任。在一个集体中，每个孩子都会有属于自己的智慧和个性，他们会发现自己和别人的不同，也会从中找到适合自己的一个角度。在集体中，也会让孩子无形中产生对一种信念的凝聚力，形成一种共同帮助而忘小我的团体意识。这种意识的形成，有利于孩子在以后的人际交往中，改变那种以自我为中心的傲慢、优越感，使他与大家形成一种融洽、和谐的相处关系。

4. 培养孩子的专长

有位专家说："友谊是以共同爱好为基础的。如果你的孩子朋友不多，你可以帮助他培养某些爱好，从而认识更多的朋友。"

马克思与恩格斯的友谊，就是建立在共同志向、共同语言等诸多共同爱好基础之上的。所以，父母要挖掘孩子的各种专长，让孩子结交广泛的朋友，拓宽、延长孩子的交际之路。

5. 教给孩子一些交往技巧

随着时代的发展，现在的孩子非常讲究个性，要想与之保持良好的关系也需要一定的技巧。父母可以教给孩子一些交往的技巧，帮助孩子得到同学的友谊。以下这些交往技巧能够帮助孩子在与人交往中获得他人的好感。

（1）使用礼貌用语，如“谢谢”“再见”“对不起”“没关系”等，不要对别人说粗话、做不礼貌的动作。

（2）主动和同学打招呼问好，能帮助打开友谊之门。

（3）在和同学的交往中，宽容同学的缺点和过错，不要为一些小事而斤斤计较。

（4）与人交往要注重的是给予，而不是什么事情都希望得到回报。

（5）不要无故打断他人的讲话，当别人在说话的时候要认真倾听，不可以心不在焉或是只顾做自己的事情。

（6）不要在背后议论别人，也不要打听别人的秘密和隐私，更不可以把别人告诉你的秘密大肆宣扬。

（7）对待别人要真心诚意，讲信用，不欺骗说谎。

（8）不要用捉弄、嘲笑的方式吸引别人注意，这样反而会引起别人的反感。

（9）在和同学的交往中，善于发现别人的优点和长处，多赞美别人，不要因为自己的某些特长而处处炫耀自己。

（10）与他人说话，尽量讲一些两人都感兴趣的话题，不要独自说个不停而不考虑他人的感受。

（11）同学之间交往尽量不要有过多的物质往来。

（12）不对自己的成绩得意忘形，要体谅他人的感情。

（13）学会带领其他同学参与到集体交往中来，组织大家围绕一定的主题交流。

教孩子学会与人分享

父母箴言

许多父母习惯于过度溺爱孩子，把孩子放在家庭的主导地位，在这种情况下，父母看到的却是心中没有他人的孩子。他们不会关心父母，不会关心他人，更不会关心社会，这样的孩子是值得父母焦虑的。教孩子学会分享，是这一问题的解决之道。

分享是一种美德，更是一种快乐。萧伯纳曾经说过："你有一个苹果，我有一个苹果，彼此交换，每个人只有一个苹果。你有一种思想，我有一种思想，彼此交换，每个人就有了两种思想。"分享能够让人减少痛苦，获得快乐。一个人在生活中需要与人分享自己的痛苦和快乐，没有分享，对他的人生就相当于一种惩罚。

现在的孩子以自我为中心的现象，已经成为困扰广大老师和家长的一个严重问题，而孩子的这种以自我为中心的心理源于父母的私爱和溺爱。为了不让孩子的爱心枯竭、泯灭，父母不仅要爱孩子，更重要的是要让孩子学会爱。如果父母只是一味地给予孩子爱，对孩子是没有好处的。“溺爱是父母与孩子关系上最可悲的事，用这种爱培养出来的孩子是不会把心灵之爱奉献一点儿给别人的。”这是一位教育家的经验之谈。所以，父母在爱孩子的时候，应该教孩子学会与人分享。

与别人分享好吃好玩的东西，对别人说一些关心体贴的话，同情并帮助有困难的人，不计较别人的过错，对别人能够宽容和谦让，孩子的爱心就是通过这样一次次的行为模仿和强化而逐渐形成的。

那么，怎样才能让孩子养成与别人分享的好习惯呢？

1. 让孩子尝到分享带来的乐趣

一般来说，以自我为中心的孩子会有以下三个特点。

（1）自私、故步自封。只看到自己而看不到别人的孩子是不会有什么进步可言的。

（2）缺乏自信。虽然有的孩子表现出娇纵的人格特征，但是就其本质而言，仍然是一种缺乏自信心的表现。

（3）社会性差，不合群。

自我中心作为一种人格特征，它所产生的消极作用和负面影响的第一要素就是自私。这就直接导致了那些以自我为中心的孩子在和外界的交往中会排斥“异己”、拒绝开放、忽视理性力量、回避真诚、吝啬付出、难以与他人合作、缺乏公心（为他人、为集体考虑）。所以，这就需要父母们用一些巧妙的计策把其自私的外壳击碎，让孩子能够拥有一份懂得分享的智慧。父母可以从家庭中的活动做起，父母要与孩子一同参与、共同分享，让孩子尝到分享带来的乐趣。

2. 通过移情引导孩子与他人分享

当孩子还只有几个月大的时候，父母就要让孩子学着与别人分享东西。孩子渐渐长大了，在餐桌上，要让他学着给长辈夹菜；鼓励孩子给爸爸妈妈拿东西；教孩子给客人让座，让孩子做这些力所能及的事，这些都会让他们从中品尝到做有益于他人的事而给他们带来的喜悦。

3. 父母要学会分享孩子的东西

实际上，在这里所说的“分享”有两层意思：既要教孩子学会分享，还要父母学会分享——而这一点却往往会被父母们所忽视。

很多父母宁可自己受苦也不愿让孩子吃苦，把那些好吃的、好玩的、好用的全都放在孩子的面前。虽然他们在思想上也会担心孩子会成为一个不知道关心别人的冷血儿，但在行为上却不会与孩子分享。在一个家庭中，经常会发生这样的一幕：一个孩子诚心诚意请父母一块吃东西，父母却坚决推辞说：“你吃，妈妈不吃。”或者“爸爸不喜欢吃油炸的东西，也不喜欢吃甜的东西”。就这样，孩子与人分享的好意被父母给扼杀了。慢慢地，孩子也就养成了吃独食的习惯，那些谦让与分享的习惯也让他们丢到九霄云外去了。

4. 用交换的方法让孩子学会分享

许多孩子在公共场合里玩耍的时候，总是希望自己能够独自占有所有的东西。事实上，孩子的这种行为和想法都是不好的。但是，如果父母一味地批评孩子，反而会产生副作用。遇到这种情况，父母应该鼓励孩子与其他的孩子交换自己的一些玩具或是图书。让孩子学会把东西借给别人，再向别人借东西，通过交换东西而逐渐让孩子学会和人分享。

5. 允许孩子有自己的宝贝

其实每个人都会有不愿意与别人分享的宝贝，孩子也一样。有些东西可能是孩子特别喜欢的，也可能是孩子认为某些重要的人送给他的礼物，这些对孩子来说有着特殊的意义。总之，父母在提倡孩子与人分享的同时也要允许孩子有不和人分享的宝贝，而且要让孩子懂得珍惜自己的宝贝。当其他的孩子来家里玩的时候，父母可以允许孩子把他认为重要的宝贝“藏”起来，不让其他人分享。但是，对于大多数的东西，父母应该要求孩子与人分享。

只有孩子藏好了自己的宝贝，他才会大方地把其他东西借给别人，才会更好地和别人分享。如果父母强迫孩子把所有的东西都与人分享，这不但不合理，反而会激发孩子的逆反心理，让孩子做出相反的行为。

教孩子学会分享，可以提高其社会认知能力，从而增强社会适应性；学会分享，可以让孩子懂得在“资源共享”中获得“可持续性发展”；学会分享，可以让孩子重获脚踏实地的自信、勇于自主的独立性。所以，让你的孩子从自私的堡垒中冲出来吧，分享的天空下可以让他们自由的飞翔。

让孩子学会说“不”

父母箴言

要培养孩子成为有用之才，独立性和自信心的培养是关键。而教孩子学会拒绝，则是对孩子独立性和自主精神培养的一个方面。所以父母要培养孩子遇到不正确的要求时，能分辨是非，敢于说“不”，不应该胆小、懦弱。

喜剧大师卓别林曾说：“学会说‘不’吧！那你的生活将会美好很多。”在拒绝别人时要讲究技巧，表达自己的意愿时语气要委婉，同时一定要记住，拒绝是对事不对人的。另外，在拒绝别人之前，可以先听一下别人所提出的要求，不要对方还没有说要让你帮什么忙或是做什么事，你就已经在找借口拒绝了，这会让对方误以为你在敷衍他；拒绝时要面带笑容、语气缓和、讲明理由；在拒绝之后，可根据对方的情况再提出建议。

英国心理学家朱莉娅、贝里曼等人提出的“破唱片技术”，对不会说“不”的孩子来说，具有很好的借鉴意义：如果你需要拒绝某人的不合理要求，或者想对他说“不”，或者想尽快结束某个你认为没有任何意义的讨论，你可以“像播放破损的唱片时总在一个地方一遍遍地重复那样，你要做的事就是以坚定的态度一遍又一遍地重复你的意见”。

亚杰带着复杂的心情来到了咨询室，他说在自己的心中藏着一个解不开的结，这个结常常让他觉得心情非常压抑，但是却又找不到原因，也不知道要怎么样去打开那个结。

“我不知道怎么拒绝别人，不知道怎样对别人提出的要求说‘不’。当别的同学提出一些要求的时候，我从来没有拒绝过，即使那个时候我很忙，很不愿意去满足他的要求，可我却从来不敢拒绝别人。就因为这样，我常常会打乱自己所制订的学习计划。”亚杰说这些话的时候显得非常的无可奈何。他还说，虽然自己的内心非常苦闷，但是这表面上他还是没有表现出一丝的不高兴。他常常责怪自己，为什么这个“不”字会那么难以说出口。

亚杰的这种情况属于NSN综合征。NSN，就是NEVER SAY NO的缩写。NSN综合征是指人们由于不会拒绝而产生的紧张、焦虑、恐惧、自信心下降等一系列情绪障碍。

患有NSN综合征的孩子，都是太过看重自己在别人眼中的形象，他们会认为自我的价值是取决于别人的看法和观点的。如果拒绝了别人，可能会招致反感，从而影响到人际交往。所以，即使别人向他提出一些不合理或是超出他能力范围的要求，他也不会拒绝别人，因为他害怕引起别人的不满；如果是偶尔拒绝了别人，也总会感觉到很抱歉而后悔万分；有时候，即使是别人伤害到了自己，也不会表达出自己的愤怒和不满。对于这些孩子来说，拒绝别人的要求自己的心里会很难受，但是，如果不拒绝他们则会更难受。由于他们的委曲求全，别人可能会提出更多或是更进一步的要求，这些要求有时会非常不合情理，有时甚至是挑剔的、敌视的，这样会导致更严重的后果。也就是说，有的孩子会将自己的这种焦虑情绪压抑到极限，一直到他们不能或是不想再压抑的时候，最终会以攻击性的方式表现出来，这样只会对人际的交往造成不可弥补的损失。那些患有NSN综合征的孩子曲解了人际关系的平等原则，他们是把别人的“满意”建立在了自己的“痛苦”之上的。

NSN综合征的形成有很多原因，其中不正确的家庭教育方式、对人际关系的错误认知等都有可能成为诱因，而自卑则是一个很重要的方面。出现NSN综合征的人，往往会感觉自己没有足够的吸引力，总是害怕惹别人生气，进而压抑自己情感的表达，总是把自己和别人放在不平等的位置。

想要让孩子学会拒绝，以下建议可供父母参考。

1. 营造民主的家庭氛围

这个条件是教孩子学会拒绝的前提。家长要明白，不管孩子多大，他都是家庭中的一个成员，是一个独立的人，绝对不能对孩子持独断专行的态度，而是要用商量的口吻向孩子表明自己的态度和想法，也要允许孩子把自己的意见、想法充分地表达出来，允许孩子对父母的想法和做法持否定意见。如果孩子提得对，或在某些方面有一定道理，父母应该尽量接受。这样既可以开发孩子的智慧，又可以培养其独立能力和锻炼其意志。

2. 让孩子独立

在日常生活中，只要是孩子自己可以做到的事情，就要鼓励孩子自己单独去做，父母没有必要包办代替。只有这样做，孩子才能从日积月累的亲身体验中积累经验、增长才干，才会有能力对父母或他人的行为做出接受与拒绝的判断。

3. 把握自己的情绪

父母要帮助孩子正确地把握自己的情绪，明辨是非。父母所要教孩子学会的拒绝是一种经大脑分析思考后的有意识行为，是对人、对事做出的理智判断，它与孩子感情用事、耍脾气，或无端拒绝父母合理的要求是两回事。

4. 体验别人的感觉

孩子是最单纯、善良的，当他了解到自己的一句话、一个举动可能会给小朋友带来不愉快，心里就会感到不是滋味。父母所要做的，就是要给孩子解释清楚，他的言行在对方内心产生了什么样的感受。当体验到了他人的感受时，孩子也就能设身处地地想一想，怎样让对方高高兴兴地接受自己的决定，轻而易举地达到目的。

5. 商量是一种交往技巧

拒绝别人有时候要和对方反复地“磨嘴皮子”，直到对方认可为止。比如芊芊不想把遥控飞机给嘉伟玩，于是就抱着飞机跑，而这种行为导致的结果就是两败俱伤。与其这样，还不如找一个理由，对他晓之以理，让他心平气和地接受。孩子的注意力一般会转移得很快，只要这个“岔”打过去，哪还记得明天和以后？以商量的口吻和小朋友对话，既可以巧妙地守住自己心爱的东西，又可以避免引起一场“暴风雨”。

6. 泰然接受他人说“不”

父母要在孩子很小的时候就应该在孩子的头脑中强化一个概念，那就是——别人的东西不属于我，只有在人家同意的情况下，才能享用一会儿。如果能和小朋友换着玩，一件玩具就能换来很多种，孩子们都能玩到自己没有的东西。

其实社会就是一个巨大的关系网络，在很多情况下，孩子在其中都必须与他人共同分享许多权利，不能一个人独占。父母所要做的，就是教会孩子如何平和、友好、委婉、商量地拒绝小朋友的要求，同时泰然自若地接受他人的拒绝。这将会使他们受益终身。

第四章

培养一个高智商的孩子

高智商的孩子需要超常教育

父母箴言

一个人的智商高就什么事情都不用愁吗？是不是只要拥有了高智商就会有一个很好的未来呢？其实不尽然，虽然说一个人的智商高是占优势的，但也不是只要智商高就可以有一番成就。所以，当你发现孩子有很高的智商的话，一定要找出适合孩子的教育方法才行。

高智商的人干什么事情都轻松自如，事半功倍。面对同样的知识，可能一般人要花好几年的时间才能掌握或者是才能掌握其中的一部分，但是高智商的人只需要花一年或是几个月甚至更短的时间就可以了。而高智商所带来的成就感会让一个人非常自信，虽然他本来就很自信，但是不断地取得成功会让他的自信心越来越强。有一项心理研究表明，一个人的自信心和他的成功是成正比的，成功越多，自信心也就越强。

高智商的人还特别容易赢得周围人的肯定。高智商的人一般都表现得十分优异，他会给父母以及周围的人不断地带来惊喜，也会给自己带来更多的肯定和支持。正是因为他的超常表现，才会让父母对他进行超常教育。否则，父母只会对他进行普通的教育，那又怎么能表现出他的超常呢？所以，这是一种相互的作用，也正是这种作用给高智商的人带来了超常的成就。

一般智力超常的孩子具体表现在以下几个方面：

（1）有较强的观察力，通常可以在普通孩子看不出问题的地方发现问题。

（2）有比较强的记忆力，并且善于在理解的基础上进行记忆。

（3）有着非常丰富的想象力，爱标新立异。

（4）思维敏捷、深刻，理解能力强，易掌握事物的本质，抓住问题的关键，并善于对事物进行分析、比较、对照、归纳、总结和推论。

（5）求知欲旺盛，喜欢打破砂锅问到底。

那么，是不是所以智商高的人都会有良好的发展呢？美国曾经对一些哈佛毕业生（高智商者）进行追踪调查，结果表明那些大学里考试成绩最高者，在以后的收入、成就、行业地位等方面并不一定比成绩低的人更好。同时，在生活满意度、友情、家庭以及爱情上也不见得更理想。这是为什么呢？

经过研究表明，高智商的人，他们的大脑和普通人之间确实存在差异。

我国学者王文英等也曾研究过超常儿童 (IQ>130) 的高级神经活动特点，结果发现：

（1）超常儿童的大脑皮层机能发育水平高。

（2）大脑机能能力强。

所以，那些智力超常的孩子很容易就会对外界的事情做出迅速而又准确的反应，而且他们的记忆力也很强。但是智商高的人，他们的成长不一定都是顺利的，也不一定都会拥有幸福的人生，因为他们承受了太多压力和无奈，那是平常的人体会不到的一种痛苦。或许高智商会让他们与众不同，但是，很多时候，高智商很可能会成为他们成长中的一块“绊脚石”，这块石头会使他们失去很多普通人的快乐，包括健康，而且还非常有可能会造成一些无法弥补的遗憾。

虽然对于天才还没有一个确切的定义，不过大部分专家都认为，智商测试或其他标准测试中前 3% ~ 5% 的高分孩子应当算是天才。在 2000 年《天才儿童季刊》发表的一项研究结果显示，研究者跟踪的 3520 名天才儿童中有 5% 的孩子辍学，与普通智力的孩子辍学的比例（5.2%）相当。天才为什么也会辍学呢？可能会是因为“天才”的表现往往会与众不同。而在一些集体的教育中，他们的这些“不同”就会被教学的程序、教学的规则和教育的进度所干扰。所以，当“天才”在挑战既定的教育时，教育对待天才的态度就直接决定了“天才”的去向。当然，“天才”离开学校并不一定是“天才”的遗憾，但是不是每一个“天才”都能像爱迪生、比尔·盖茨那样成功发展呢？

一般思维敏捷的孩子在上学之前就已经知道了很多东西，老师在课堂讲的东西他一听就知道了，于是，他就开始寻找一些“稀奇”的东西，比如和别的小朋友说话；在课堂上向老师提出一些和课堂上没有关系的东西。然而这些表现就会让老师觉得这个孩子是不是得了“多动症”了，其实他只是太聪明而已。但是，课堂是为大多数的孩子而设计的，不可能只是根据一个智商高的孩子的需要来进行的。所以，高智商的孩子会不适应普通的教育。《天才被否认：如何停止浪费我们最聪明的头脑》的作者简·戴维森说：“当我们问超常儿童他们最主要的障碍是什么时，他们几乎总是回答说是学校。”

高智商的人一般自尊心、自信心、好胜心都特别强，而他们的组织纪律性却特别差，还特别反感外部的一些规矩，时间一长，他们还特别容易产生优越感，把娇骄二气表现得淋漓尽致，最大的一个弱点就是在人际交往方面。这些都是高智商人群的弱点。一个“天才”不仅需要高智商，而且需要有现实的超常表现，而这些现实的超常表现是需要培育的，甚至是需要“超常”培育的。“超常”培育必然带给“天才”智商上的压力，因为他们犹如被上了发条的钟表一般不能休息。很多的天才都在家人或者学校的“催促”中不断跳级，似乎越快学完相应的课程就越表明“神乎其神”。但跳级却给这些天才带来了很多“心理不适”。高智商不适应普通教育，而超越普通教育的跳级也会使“天才有心理不适”的。

所以，当父母在教育“天才”的时候，一定要找出适合他的教育方法。

孩子的智力是需要开发的

父母箴言

做父母的都希望自己的孩子聪明，希望自己的孩子智力超群，甚至想把孩子培养成一个小“神童”。这就需要父母从各个方面来加强对孩子智力的开发，让孩子从小就接受训练。虽然说一个人的智力有着遗传的因素，但是，后天的教育更为重要。

孩子的智力需要开发，这是一个毋庸置疑的问题。现在的父母都希望自己的孩子是一个高智商的人，就算不是一个高智商的人，也要想尽各种方法来培养孩子，开发孩子的智力。其实，孩子的智力是可以开发的，父母可以从以下几个方面着手。

1. 通过音乐教育开发孩子的智力

音乐对于孩子来说具有一种强烈的感染力，它可以非常容易就引起孩子在感情上的共鸣，孩子最早所接受的教育就是从感受音乐开始的。通过音乐，可以把孩子那份很可能被埋没的才智挖掘出来。

（1）感知觉的发展是智力发展的基础

当父母在对孩子进行音乐教育的时候一定要重视对于孩子的感官训练。父母可以让孩子闭上眼睛听周围所发出的声音，让孩子辨别声音的长短和高低。还可以让孩子模仿他熟悉的东西所发出的声音，比如，小鸭子的叫声、青蛙的叫声、火车和汽车的鸣笛声。父母还要鼓励孩子把他对节奏的感受和反应用一些简单的动作表达出来。比如让孩子拍拍手，跺跺脚，说说，敲敲，这样可以培养孩子眼睛、嘴巴、耳朵和手脚的协调。

（2）语言能力是智力发展的重要条件

对于培养孩子智力的发展，语言能力起着非常重要的作用。在日常生活中，父母可以选择一些优秀的儿童歌曲让孩子听，因为歌曲对孩子有着非常强烈的感染力，可以让孩子在听听唱唱中不知不觉地丰富词汇，还可以让孩子凭借自己对音乐的感觉和理解，结合自己生活实际，编出自己喜欢的、生动活泼的小故事讲给别人听，从而促进语言的发展。

（3）思维能力是智力的核心

孩子的思维是随着语言的掌握发展起来的。当父母在教孩子唱歌的时候，可以让孩子在熟练地掌握歌曲旋律的情况下自己编旋律，填上自己想唱的歌词，还可以让他编几个和歌词相对应的动作。这样对孩子思维能力的发展是有所帮助的。父母还可以为孩子选择不同的音乐以启发孩子根据不同的音乐来表达自己不同的感受。

2. 在游览中开发孩子智力

怎样利用参观游览来促进孩子身心健康和智力发展，同时还可以达到让孩子获得知识和开阔眼界的目的呢？

首先，当父母带着孩子去参观和游览时，应该一边走一边和孩子谈话，在游览的过程中看到什么就要给孩子讲什么。如果发现孩子对一些事情感兴趣的时候，就可以针对这些事物对孩子进行一些有关的知识教育，在讲解的时候一定要注意知识的准确性。

其次，如果是去一些定好的地方去参观和游览，父母应该对要参观的地方事先做一些了解，也可以找一些资料，做好知识方面的准备。如果有一些资料找不到或是解说得不是很详细的话，可以根据里面的说明牌给孩子讲解。

最后，父母必须明确好自己的目的，要知道除了游玩之外，最重要的是让孩子获得一些知识，让孩子从中学会观察，得到锻炼。所以，当观察动物时，要让孩子去注意动物之间的不同和相同之处；观看植物时，让孩子注意看不同的花和不同的树之间有什么区别，这样可能培养并提高孩子的比较和鉴别能力；当参观一些名胜古迹、古代建筑的时候，要让孩子注意建筑物的形体特征，比例和色彩等方面的问题。并且要让孩子懂得，今天之所以可以看到这些壮观的建筑和秀丽的风景，都是人们用智慧和辛勤的劳动创造出来的，这样可以培养孩子的爱国主义思想以及对创造活动的向往。

想要做到这些，父母必须要有渊博的知识，以及对一些旅游胜地的了解，才能正确地回答孩子所提出的问题，从而满足孩子的好奇心，并且充实他的知识面，相应地，他的智力也就会有所提高。

3. 在劳动中开发孩子智力

很多家庭在周末清扫卫生活动的时候，往往是一个人在打扫卫生，而另一个人在照顾孩子。其实这种做法并不是最佳的，父母完全可以让孩子试着参加家庭劳动，不久就会发现，孩子在劳动的时候是快乐的，而且通过劳动还可以提升孩子的智商和情商。

劳动是中华民族的传统美德。让孩子参与劳动不仅可以增长孩子的知识面、锻炼孩子的意志力、增强孩子的责任心，而且还可以培养出孩子做事有始有终、尊重他人劳动的良好品质。

通过研究发现，就算是一些年龄小的孩子，比如三四岁的孩子，他们的身心发展水平也都已经具备了参加一些简单劳动的基本条件。当他们的体力随着年龄的增长而加强，身体的活动也比较自如，手的动作也比较灵活。当他们有一些简单的知识经验后，再加上孩子都是有着超强的好奇心，并且是好动，好模仿的。如果在正确的教育影响下，他们是会很乐意去参加各种力所能及的劳动的，而且他们还可以从劳动中获得知识、找到快乐。所以，父母不要把所有的家务劳动都自己做，可以带着孩子一同劳动，并且一同分享劳动所带来的快乐。

怎样提高孩子的智商

父母箴言

有很多这样的父母，他们可以为了孩子毫不吝惜金钱，以为买够了孩子所需要的一切，就可以有利于孩子智力的发展，这些确实有好处，但却是远远不够的。有很多事情光靠金钱是不行的，还需要父母自己去做。

不难找到这样的父母，他们为了孩子毫不吝惜金钱，以为买够了孩子所需要的一切，或者请到一名好的家庭教师，或者千方百计进入一所好的学校，那么孩子的智力发展就不成问题了。的确，做到这些，肯定对孩子的智力发展有好处，不过，仅有这些还远远不够，因为还有许多事是父母自己应该做而别人所不能替代的。

为了能够让孩子可以在智力方面有良好的发展，可以在未来的社会竞争中以智慧、能力取胜，父母到底能做些什么呢？

1. 为孩子创造良好的家庭环境

只有良好的家庭环境才有可能培养出智力优秀、聪明活泼的孩子。而所谓的家庭环境是包括两个方面的，一是物质环境，要求让孩子具备基本的生活用品，有良好的学习环境，有活动的场所；二是心理环境，是指和睦友爱的气氛、民主宽松的态度、无拘无束的沟通，以及父母自身的榜样作用，它比物质环境对孩子的智力成长更重要。这两方面环境的好坏，在很大程度上决定着孩子的发展前途。通过科学研究证明，即使是两个遗传素质完全相同的双胞胎，如果在不同的家庭环境中长大，他们的智力发展水平也不相等，在比较优裕的家庭环境中长大的孩子智力发展会更优秀。

2. 为孩子提供创造的机会

孩子的成长，是通过自己不断地体验和学习才能够实现的，所以，父母应该尽可能地为孩子提供一些体验的学习机会。如果父母只是以自我为中心，对孩子不闻不问，或是忽冷忽热，在空闲的时候拿孩子逗乐，心烦的时候拿孩子出气，这样，是肯定不利于孩子智力的发展的。

智力的内容包括很多方面，孩子可以朝着不同的方向去发展。可是，在孩子幼儿时期很难辨别出孩子的智力到底适合向哪个方面发展。所以，父母的责任就是要保证从多个方面给孩子提供发展的机会。有的父母只是按照自己的兴趣和期望，从而在孩子幼儿时期就规定了孩子的发展方向，让孩子单一发展，这样对孩子的成长是非常不利的。要知道，不管是哪一个方向的才智，都是需要在早期就打下坚实而宽广的基础。如果没有全面扎实的基础，某一方面的才能即使能够得到暂时的进步，也不过是昙花一现而已。

3. 对孩子的兴趣给予关心和鼓励

在培养孩子某方面的才能时，父母不能过于性急，如果过于着急的话，只会“欲速则不达”。孩子往往会对强迫式的训练说“不”，一旦接受不了，孩子就会想尽办法去逃避训练。正确的做法应该是让孩子在轻松自由的气氛中自发地产生兴趣、感受乐趣。

对于孩子的兴趣，父母应该倍加珍惜。当孩子对某件事情产生兴趣的时候，也正是父母的指导最有效果的时候，错过时机，以后的指导只会事倍功半。孩子常常会缠着父母问问题或是要求讲故事，这正是孩子兴趣的表现，如果父母粗暴地以一声“自己一边玩去”加以拒绝，对孩子的求知欲无疑是一次打击。但如果父母能耐心解释或启发孩子一起思考，则有利于孩子语言的发展、思维和想象能力的发挥。在孩子有兴趣时加以拒绝，以后即使设法弥补，恐怕也难以奏效了。要知道，孩子的兴趣是非常容易变化的，可能等到你想起要培养他兴趣的时候，他已经对那个时候的兴趣不再感兴趣了。

4. 让孩子体会成功的乐趣

不管什么时候，父母都不可以去嘲笑孩子的努力。常会听到一些父母这样的训斥：“你怎么这么笨啊，那么简单的题都会错！”“人家小明又考了100分，你呢？整天只知道玩！”这些批评虽然是出自一片好心，想让孩子做得更好一些，但是这些批评的方式只会伤害到孩子的自尊，让孩子更加畏惧学习。父母应该尽量避免这样的批评，要对孩子所做出的努力给予肯定，哪怕是一些微小的进步也要给予赞赏，让孩子体会到成功的快乐。这样既是对孩子最好的精神奖励，同时又有利于激发孩子对下一次尝试的期待。

5. 尽量理解孩子的心理世界

在孩子的眼里，世间万物都是有生命的。他们不能正确区分有生命和无生命的物体，在心理学上，这叫作“泛灵论”。他们会把蜿蜒雄伟的长城看作巨人横卧；把桌上的瓷娃娃看作站岗的哨兵；杯子摔碎了，他会说杯子好疼。到四五岁以后，孩子会认为能动的东西都是有生命的，不能动的东西都是无生命的，如街上跑过的汽车、天上飘动的云彩在孩子心里都是有生命的。父母要理解孩子在言谈举止间所表露出的这种意识，以孩子能理解的方式与孩子进行交流。而不能简单地将孩子这种看待世界的方式视为错误加以否定。

孩子的头脑里充满了幻想，儿童时期孩子还不能把现实世界和想象世界截然分开。如果孩子回到家里说他看见一只像马一样大的狗，父母可不要以为孩子在撒谎，那只是他的想象。孩子伸开双臂绕圈跑动，也正是他幻想着自己是一架飞机的表现。不能将幻想和现实世界区分开，并不是孩子的头脑有什么不对，而是他们幼儿时期的正常表现。此时的孩子，正是在想象和幻想中生活，所以他们非常容易接受暗示。只要大人稍稍给以启发，孩子就可能发挥想象来一番表演。所以不能简单地把孩子的想象和幻想看作胡思乱想，因为自由自在的想象是孩子智力成长的必经之途。

6. 营造轻松愉快的智力活动氛围

孩子的智力和才能并不是光靠枯燥乏味的训练就能培养，更不可能靠父母的强迫压制而得到发展，孩子只有体会到智力活动的乐趣，在轻松愉快的氛围中喜欢上智力活动，才会自然地培养出良好的智力技能。对父母来说，训练孩子的智力，实际上是一种高级的游戏，其结果是为了孩子的发展和成功。因此，父母没有必要把智力训练看成是一种紧张拘束、一板一眼的不得不完成的任务，也不必做出任何过于严格、一成不变的硬性规定。

父母对孩子的智力训练应该是一种轻松自然、无拘无束、开心尽兴的共同享受，是家庭生活中一种快乐的游戏。不论是父母，还是孩子，不仅不会因为做这种高级游戏而失去什么，而且从中都得到了快乐和智慧。作为参与游戏的一方，父母不应带着任何一点紧张、无奈、敷衍、应付和不高兴的表情和心情。如果父母觉得是一种负担，那么对孩子肯定也是一种压力，因为他不能从中得到愉快的交流。因此，父母们应该在自己充满热情和兴趣时用孩子喜闻乐见的方式对孩子进行智力训练。为了给自己减少负担，更是为了孩子生活愉快，所以一定不要用强迫的方式来训练孩子。

7. 多用表扬来激励孩子

虽然对于孩子不守纪律、胡乱冒险等不好的行为，父母可以给予适当的训斥。但是，把训斥作为唯一手段，这种做法未免过于草率、简单。有些父母对孩子不是训斥，就是吆喝，到后来，父母的好言相劝、轻言细语对孩子失去了作用，孩子已经养成了听不到训斥和吼声就不行动的习惯。

望子成龙乃人之常情。有些父母往往对孩子有较高的期望，一旦孩子达不到如期效果，就十分急躁，接着就训斥甚至打骂孩子。有些父母甚至信奉“棍棒底下出才子”。可是看看周围，哪个有出息的孩子是在父母整天的训斥打骂中成长的呢？一味的训斥和强迫难道真的能取得父母们所期望的效果吗？

经常受训斥和指责的孩子心里会想：我究竟做错了什么事，爸爸妈妈要对我这样严厉呢？渐渐地，孩子会对自己的能力失去信心，放弃尝试和努力，只想着怎样逃避父母的训斥，其结果是，孩子的才能当然难以发展。实际上，如果父母全力以赴地以积极乐观的态度为生活而奋斗，孩子却消极畏缩缺乏自主，这种情况父母必须引起重视，应该静下心来，反省自己的教育方式，耐心细致地体察孩子的成长，承认和肯定孩子的细微进步。即使孩子没有达到父母的期望，但总比以前有了一点进步吧！重要的是父母应该对孩子的进步给予肯定和表扬，让孩子也知道自己的进步，知道父母为自己的进步而高兴。孩子对父母肯定自己的成长感到满足，就会树立信心，也会更好地去努力了。

对孩子来说，表扬比训斥更有效，用表扬和肯定的方法对孩子更有好处。

孩子的智力和营养有密切的关系

父母箴言

每个父母都希望能生育一个既健康漂亮、又聪明伶俐的孩子，许多孩子在懂事以后也都想使自己聪明。但是，孩子的饮食也决定了孩子的智力。所以，父母也需要注意孩子饮食方面的一些问题。

如何使孩子更聪明，除了先天遗传因素外，在后天环境因素中，全面均衡的营养是首要因素，其次才是教育因素和个人的努力。所以，父母要特别注意孩子的饮食，因为食物对孩子的影响非常巨大。比如，多吃些对智力提升有帮助的食物能使孩子变得更聪明；多吃对智力提升有伤害的食物不但会使智力提升训练事倍功半；有的甚至会使孩子的大脑变笨。这些都是需要父母注意的。

孩子渐渐长大后，食物中的成分仍对智力提升有很大影响，吃鱼对大脑有帮助，但在鱼之外尚有多种营养素，能帮助孩子的学业突飞猛进。

有一些化学元素，也能深远地影响智力提升。只需极为微小的分量就能明显帮助改善智力提升的生理功能，因此，过去一直没有特别注意，直到最近一连串的科学实验结果，才显示出微量元素和一些营养物质与孩子的智力行为之间的密切关系，这些微量元素有着惊人的威力。

与孩子智力行为关系较大的有蛋白质、维生素以及几种微量元素。

1. 蛋白质

蛋白质是一切生物体必需的组成成分，也是决定各类细胞和组织生理功能的首要物质基础。脑组织中功能高的部位含蛋白质就多。蛋白质影响孩子智能行为改变的机理是通过神经递质起作用的，而神经递质又是由氨基酸转变而来的。脑中所含自由氨基酸的总量约为血浆的 8 倍，谷氨酸及谷氨酰胺在脑中的含量约为血浆的 17 倍。谷氨酸为兴奋型的神经递质，是学习记忆的关键物质。还有两种氨基酸与大脑的发育有密切的关系，即核苷酸和牛磺酸。前者是大脑细胞新陈代谢的基础物质，它参与细胞分裂与更新，对婴幼儿脑细胞形成及生长发育至关重要。后者属必需氨基酸，对人脑神经细胞微管蛋白质的合成具有明显的促进作用，在神经细胞增殖的高峰期表现得尤为突出，在人脑神经细胞的分化成熟过程中发挥着重要作用。

2. 维生素

我们再看看维生素与智能行为之间的关系。维生素 B 缺乏时可出现神经衰弱症候群，表现为全身无力、烦躁、焦虑不安、记忆力减退、思维迟钝等症状。维生素 C 缺乏时可出现头晕、失眠、焦虑、记忆力减退等症状。维生素 B_6 缺乏时可出现惊厥、烦躁、焦虑不安、生长延缓等症状。维生素 B_2 缺乏时影响铁的吸收与储存。

3. 铁

铁在脑中主要集中在黑质、尾状核、视丘等部位，是胆固醇和脂质合成的辅基，直接参与了髓鞘的形成；此外，铁还参与了氧化还原代谢，由此间接地参与了髓鞘形成。缺铁时含铁酶及铁依赖酶活性降低，可以引起一系列生化改变，能影响大脑生理过程，使脑发育迟缓，脑功能受损伤，从而加重了智能行为障碍。

缺铁的患者会常有倦怠、懒动、偏食、易怒、不安，对周围事物反应低，注意力不集中，学习成绩差等行为改变。此外，其智力发育与非贫血者相对比较低，机体的平衡性和协调性以及语言能力均有障碍。还有研究发现，隐性缺铁的小儿兴奋躁动，反应差，语言发育落后，对母亲的反应比正常的孩子迟钝，观察力也比正常的孩子差。屏气发作是缺铁婴幼儿常见的行为症状，用铁剂治疗可以减少或停止发作。

4. 锌

锌是人体内重要的必需微量元素，在人体中总含量 2 ~ 3 克。锌参与了 100 多种酶的组成，锌是合成 DNA、RNA 和蛋白质所必需的微量元素。缺锌 18 小时就会影响到 DNA 的复制，36 小时影响 RNA 的合成，48 小时影响蛋白质的合成。锌在大脑中的分布与蛋白质相似，对维持脑发育及其正常功能具有重要意义。缺锌后将严重影响细胞的分裂和分化，可使脑内超微结构及神经递质的水平改变，结果引起异常行为。

儿童缺锌常伴有神志淡漠、反应迟钝、注意力涣散、学习困难、多动、智力降低，尤其是抽象思维能力降低、异食癖等症状。缺锌也可影响视觉与听觉功能，与适应能力、感音性耳聋与缺锌也有关。

5. 铜

婴幼儿及儿童缺铜后会发生精神发育停滞、神志淡漠、嗜睡、视觉障碍、运动迟缓或共济失调，以及智能发育迟缓。缺铜时常易出现骨质畸形或病理性骨折。铁的吸收率下降，易引起贫血，且补铁后贫血不易纠正；皮肤、毛发色素减少。

6. 碘和硒

胚胎形成 14 周是碘影响胚胎生长发育最重要的时期。碘参与髓鞘形成及神经传导过程，从而影响脑的发育。碘缺乏症是全球性的公众健康问题，常见智力和体能发育异常。妊娠早中期发生的严重缺碘可以导致发育延滞，黏液性耳聋。新生儿早期缺碘，主要表现为生长阻滞、畸形和听力障碍。资料表明，缺碘地区儿童智商比非缺碘地区低 10% ~ 15%，缺碘儿童不仅智力明显低下，并有不同程度的运动、听力和语言障碍。部分亚克汀病患儿，早期无明显异常表现，但上学后逐渐表现出学习困难，成绩下降，尤其是数字计算、抽象思维、综合判断等方面的困难。

缺硒比缺碘更影响脑部发育指标，表现为：在缺硒的地方，其髓鞘基本蛋白质和大脑的神经营养因子 RNA 的降低更为显著。

总之，营养物质是脑发育的物质基础，全面均衡的营养供给可以促进大脑的正常发育和智力发展。如果营养异常（缺乏或过多），则会导致脑结构及脑功能的异常，影响胎儿及婴幼儿的智能发展，并引起异常行为。

第五章

培养孩子的想象力和思维能力

让孩子学会思考

父母箴言

聪明的父母在面对孩子的问题时，会启发孩子去想、去分析、去运用自己学过的知识和经验，看书、查参考资料等，让孩子自己去寻找答案。孩子在寻找答案的过程中，思考能力就会得到提高。

使孩子的头脑变聪明的最重要的一点是培养孩子善于思维的好习惯。善于思维是认识活动的核心，它参与到其他的智力因素之中，使其他智力因素更加具有理解性、概括性和深刻性。心理学家早就认为人的智能结构一般是由观察力、记忆力、注意力、想象力、思维能力、语言表达力以及动手操作能力构成，而其中思维能力则是智力活动的核心。

思维是人们思考问题的过程，是人脑对客观事物的认识过程。思维力就是解决问题的能力。日常生活中所说的“让我想一想”“我再考虑考虑”中的“想”“考虑”指的就是思维。思维能力主要包括分析、综合、比较、抽象和概括、具体化。

孩子的思维发展趋势是从形象思维到抽象思维。3 岁前的孩子，他的思维方式主要是动作思维，是依靠感知和动作来完成的。他们在听、看、玩的过程中，才能进行思维。比如，婴幼儿常常边玩边想，但一旦动作停止，思维活动也就随之停止。3 岁后，孩子的思维就从动作思维向形象思维过渡，他可以依靠头脑中的表象和具体事物的联想展开思维，他能摆脱具体行动，运用已经知道的、见过的、听过的知识来思考问题。但他的思维活动必须依托一个具体形象来展开。5 岁后，孩子的形象思维开始占主导地位，并已经初步出现抽象逻辑思维。孩子能够从理解事物个体发展到对事物关系的理解；能够从依靠具体形象的理解过渡到主要依靠语言来理解；能够对事物进行比较复杂、深刻的评价。比如，五六岁的孩子在看电视时，可以说出谁是好人，谁是坏人，还会用各种理由来说明他的看法。

一个人智力水平的高低，主要通过思维能力反映出来。有一句话是这样的：“教育就是叫人去思维。”孩子学习有双重的目的：一是掌握知识，二是发展思维技能。大多数父母和教师往往只注意前者而忽略了后者，因此，出现了许多学习成绩较好，但思维能力较差的“高分低能”的孩子。可见，培养孩子广阔、灵活、敏捷的思维能力，对开拓孩子的智力极为重要。

那么，怎样培养孩子爱思考的好习惯呢？

1. 引导孩子独立思考

许多孩子在遇到疑难问题时，总希望家长给他答案。如果父母对孩子有问必答，虽然解决了孩子当时的问题，但从长远来看，孩子会养成依赖父母的习惯，遇到问题时不会独立思考，不会自己去寻找答案，这对发展孩子智力没有好处。

因此，聪明的父母在面对孩子的问题时，会启发孩子去想、去分析、去运用自己学过的知识和经验，看书、查参考资料等，让孩子自己去寻找答案。孩子在寻找答案的过程中，思考能力就会得到提高。如果孩子实在无法独立解决问题，父母可以示范，通过请教他人、查阅资料、反复思考等方法，让孩子学习思考的方法，这对孩子的影响是非常大的。

2. 善于对孩子发问

问题是思维的起点，如果孩子经常面对各种问题，大脑的思维就会比较活跃。因此，父母要想提高孩子的思维能力，就要多向孩子发问。

向孩子发问，不要只问对或错的封闭式问题，最好依据孩子的能力，问一些没有唯一答案的开放性问题，如回形针有些什么用途？如果让你去郊游，你会选择哪里？为什么要选择这个地方？可见，向孩子发问要有一定的技巧。

3. 营造平等的家庭氛围

调查显示，在民主、平等的家庭氛围中成长的孩子，敢于发表自己的意见，思维比较活跃，分析问题也比较透彻。而在专制的家庭气氛中成长的孩子，则不敢畅所欲言，容易受家长的暗示而改变主意，或者动摇于各种见解之间，或者盲从附和随大流，这就影响了其思维独立性的发展。

因此，父母要鼓励孩子敢于发表自己的看法，在孩子发表自己的意见时，哪怕是错误的，父母也应让他说完，然后再给予恰当的指导。对于孩子的正确意见，父母应该肯定、表扬，让孩子增强发表意见的信心。

4. 培养孩子的探索精神

许多孩子都有较强的好奇心，喜欢“打破砂锅问到底”，每当见到一个新事物，总想更深入地去了解，往往会不自觉地摸一摸、问一问、拆一拆、装一装。许多父母对孩子的这些行为很是烦恼，经常批评孩子甚至恐吓孩子，其实，这些都是孩子喜欢探究和求知欲旺盛的表现，父母的呵斥只会挫伤孩子探索的积极性。

正确的做法应当是因势利导，鼓励孩子的探索精神，并启发孩子“异想天开”。例如，让孩子突破常规的思维模式，从另一个角度去思考问题，孩子就会发现平时盛饭的碗可以用来当乐器，平时装热水的暖瓶还可以用来装粥，这就是“发散思维”或“求异思维”。这种发散性的思维模式可以让孩子在学习时不盲目听信，解决问题时善于从多方面考虑，从而提高孩子的学习兴趣和思维能力。

5. 让孩子自己来处理问题

孩子在学习、生活中，经常会出现各种各样的问题，对于孩子的问题，父母不要一味地包办，应当与孩子一起讨论、共同设计解决方案。在这个过程中，孩子需要分析、归纳，需要设想解决的方法与程序，这对于提高孩子的思维能力和解决实际问题的能力大有好处。

6. 丰富孩子的知识与经验

许多孩子之所以不能很好地思考，不是不知道思考的方法，而是在逻辑思考或者推理的时候，孩子们往往因为知识和经验有限而无法得出准确的结论。因此，父母要注意丰富孩子的知识与经验，让孩子拓展思维的领域。

孩子的知识越丰富，思维也就越活跃，因为丰富的知识和经验可以使孩子产生广泛的联想，使思维灵活而敏捷。

7. 培养孩子的推理能力

推理能力是思考能力中比较重要的一个方面。推理需要对概念等有深刻的理解才能进行。父母平常要对孩子解释一些概念性的事物。

培养孩子的抽象思维能力

父母箴言

一个人智力水平的高低，可以通过孩子的抽象思维能力反映出来。父母应该对抽象思维有正确的认识，并且在教育培养孩子过程中自觉地采取措施，这样才能让孩子变得更聪明。

抽象思维又称逻辑思维，是思维的一种高级形式。它的特点是以抽象的概念、判断和推理作为思维的基本形式，以分析、综合、比较、抽象、概括和具体化作为思维的基本过程，从而揭露事物的本质特征和规律性联系。

在这里介绍一下抽象思维的特征和特征的实质。

抽象思维有两个最基本的特征：抽象性和确定性。由这两个特征还派生出其他一些特征，如形式性、精密性、简单性、理论性和分析性等。不过后者都是由抽象性和确定性所决定和制约的。所以，主要介绍抽象思维的抽象性特征和确定性特征。

1. 抽象性

人们通过事物的现象，认识事物的本质和变化规律，把握事物间的联系，达到真理性的认识，始终离不开理性的抽象。也就是说，人们从现象到本质的认识在思维中是通过抽象来完成的。

以数学的发展为例：古埃及人和古巴比伦人尽管掌握了关于空间和数量关系的大量知识，但这些知识主要是凭经验进行考察的结果。在所有古埃及人的著作中，法则仅能应用于为数有限的具体情况。在他们的几何学中，没有用一个三角形来代表一切三角形这种在建立演绎体系时所必需的一般化的抽象概念。抽象的数的概念还有待引进。古希腊人则不同。数学之所以会在古希腊发展起来，就是因为古希腊人依靠古埃及人和古巴比伦人的数学素材，进行了“智力革命”，从事物的多样性中辨别出共同性，并把它抽象出来，加以一般化，从而导出与更广泛的经验相符合的新关系。就是由于这个缘故，古希腊人被称为是科学方法的倡导者。亚里士多德把抽象称为自然研究的路线或途径。

抽象性的实质，我们可以从三个方面去理解。

首先，抽象就是抽取事物的共同点。抽象最主要的是对同类事物去除现象的次要的方面，抽取它们的共同点，从而使思维从个别中把握一般，从现象中把握本质。

其次，抽象就是选取事物的深入点。一个事物往往有几个特点。抽象的实质是从这些特点中选取一个被认为在某个方面特别重要的特点，而忽视所有其他特点。这样，抽象能够限定探究范围，突出某一重点，限制其他思路，并把某一种思路引向深入，从而使我们能够深入地研究认识对象。

最后，抽象就是理想地复现认识对象。抽象的目的在于把事物加以理想化而再现于思维之中。因为不可能单纯通过从可观察现象概括共同点来把握理想事物，所以必须脱离直观地运用思维的抽象力量创造出理想客体。同抽取共同点相比，理想化是更深刻的抽象。

抽象既是抽象思维的重要手段，也是抽象思维的重要特征。正是在这个意义上，我们把这种思维叫作抽象思维。

2. 确定性

确定性是抽象思维的又一基本特征。从信息论的观点来看，所谓知识，就是不确定性的减少。所以，认识真理的意义，就在于不断减少和消除对自然界和社会在认识上的不确定性。一般说来，认识中的不确定性来源于认识主体的感性活动和思辨的猜测。经验认识是人的感官对于自然现象的直觉认识，这种认识通常只是知识的准备和原料。作为“前知识”，这种认识的最主要特征是不确定性。抽象思维要获得本质，就必须以确定性去减少和消除这种根源于事物现象偶然性的不确定性。只有确定性的思维所获取的认识才称为知识。因此可以说，理论知识和日常知识之间的最重要的区别就在于理论知识的命题必须具有严格的确定性，而日常知识不需要严格的规范。

爱因斯坦曾说过，科学的概念最初总是日常生活中所用的普通概念，但它们经过发展就完全不同了。它们已经变换过了，并失去了普通语言中所带有的含糊性质，从而获得了严格的定义，这样它们就能应用于科学的抽象思维中。例如，信息和系统原是日常生活中的普通概念，信息论和系统论对它们作了严格的定义，使之成为这两门学科中的科学概念，而信息论和系统论也正是由于引入了这两个具有确定性的概念，才奠定了这两门学科的基础。

抽象性和确定性是抽象思维的两个基本特征，二者是统一的。爱因斯坦有一句话，可以说是言简意赅地表达了抽象思维的抽象性和确定性的这种统一。他说："科学家必须在庞杂的经验事实中间抓住某些可用精密公式来表示的普遍特征，由此探求自然界的普遍原理。"仔细体味这句话，我们便可以体察抽象思维中抽象性和确定性的统一关系。

孩子思维的成熟过程，其实就是人类由蒙昧走向文明的缩影。牙牙学语的婴儿，最初不会有什么抽象思维能力，他们也许连苹果与梨的差异都搞不清。然而生活能使孩子们学会抽象，比如小宝宝淘气，用手触摸火炉，结果烫起几个水泡。有过几次教训后，他就不会再触摸任何火炉包括那些不曾烫过他的火炉了。他显然自发地形成了这样一种朦胧意识：那些东西也是火炉，也会烫人的。这种朦胧意识十分可贵，因为他已经自发地从同类事物的个体中抽象出了该类事物的共性。

不过，如果仅靠自然形成，没有足够的刺激，孩子的智力发育就会相对缓慢很多。3 岁之前的孩子，对他进行训练，会显得过早；而对学前的孩子，父母则完全可以运用各种手段，在潜移默化中对孩子进行这方面的启蒙了。

1. 教孩子归类

父母可以把日常生活中的一些东西根据某些相同点将其归为一类，如根据颜色、形状、用途等。父母应注意引导孩子寻找归类的根据，也就是事物的相同点，从而使孩子注意事物的细节，增强其观察能力。

2. 教孩子认识大群体与小群体

首先，应教给孩子一些有关群体的名称，如家具、运动、食品等，使孩子明白，每一个群体都有一定的组成部分。同时，还应让孩子了解，大群体包含了许多小群体，小群体组合成了大群体。如动物——鸟——麻雀。

3. 让孩子了解顺序

了解顺序的概念有助于孩子今后的阅读，这是训练孩子逻辑思维的重要途径。这些顺序可以是从最大到最小、从最硬到最软、从甜到淡等，也可以反过来排列。

4. 让孩子建立时间概念

幼儿的时间观念很模糊，掌握一些表示时间的词语，理解其含义，对孩子来说，无疑是必要的。当孩子真正清楚了“在……之前”“立即”或“马上”等词语的含义后，孩子也许会更规矩些。

5. 理解基本的数字

有些孩子两三岁就能从 1 数到 10，甚至更多。但与其说是在数数，不如说在背数。应该把数字具体化，如“1 个苹果”“3 个人”等。父母在孩子数数时，应多点儿耐心。让孩子一边口里有声，一边用手摸摸物品，逐渐过渡到用眼睛“默数”。日常生活中，能够用数字准确表达的概念，父母们应尽量讲得准确。同时，还应注意使用“首先”“其次”“最后”等序数词。

6. 掌握一些空间概念

大人们往往以为孩子天生就知道“上下左右，里外前后”等空间概念，实际并非如此。父母要利用日常生活中的各种机会引导孩子，比如，“请把勺子放在碗里”。对于孩子来说，掌握“左右”概念要更难些。

7. 在游戏中发展孩子的思维

游戏是培养孩子抽象思维能力有效的途径之一。通过游戏，孩子的活动变得更复杂，其思维发展水平更高。如通过搭积木、玩魔方、走迷宫、下棋、拼拼图等玩具类游戏，可以训练孩子对空间、规则等方面的认知，从而提高其抽象思维能力。

不要剪掉孩子想象的翅膀

父母箴言

孩子的想象力是无处不在的，父母其实不需要做太多的事情，只需要开放自己的思维，放开孩子的手脚，让孩子可以在想象的空间里自由地飞翔就可以了，千万不要剪掉孩子那双飞翔的翅膀。

作为家长，应该正确地引导孩子的想象力，也要积极参与孩子的想象力游戏，同时让孩子主持游戏，给孩子发挥自己的想象力留下足够的空间。也可以考虑为孩子提供独自游戏的机会，让孩子在游戏或其他创造性的活动中发挥无拘无束的想象。父母可以经常给孩子提一些“开放式”的问题，让孩子用多种答案来回答问题，这样也可以启发孩子的想象。讲一些有启发性的故事给孩子听，让孩子想象下面的故事情节，使孩子有发挥想象力的机会，培养孩子复述情节生动又富有想象的故事，这对培养孩子的想象力更有好处。

我们常常惊叹：美国在科技创新方面总走在世界前列！然而许多人却不知道或不愿意接受美国的《公民权法》中的两项规定：幼儿在学校拥有两项权利：（1）玩的权利；（2）问为什么的权利。

据说，这一规定与美国历史上的一个精神赔偿案有关。

1968 年的一天，美国一位 3 岁女孩指着一个礼品盒上的“OPEN”对她妈妈说，她认识第一个字母“O”。这位妈妈非常吃惊，问她是怎么认识的。女孩说是幼儿园的老师教的。这位妈妈在表扬了女儿之后，一纸诉状把幼儿园告上了法庭，理由是该幼儿园剥夺了孩子的想象的权利。因为她女儿在认识“O”之前，能把“O”说成是苹果、太阳、足球、鸟蛋等圆形的东西。但是，自从幼儿园教她认识了字母之后，孩子就失去了这种想象的能力。她要求幼儿园对此负责，并进行精神赔偿。

此案在法院开庭时，这位妈妈作了如下辩护：“我曾在一个公园里见到两只天鹅，一只被剪去了左边的翅膀，放在较大的水塘里；另一只完好无损，放在很小的水塘里。管理人员说，这样能防止它们逃跑，剪去左边翅膀的因无法保持身体平衡而无法飞行；在小水塘里的因没有足够的滑翔路程，也只能待在水里。现在，我女儿就犹如一只幼儿园的天鹅，他们剪掉了她一只想象的翅膀，过早地把她投进了那片只有 ABC 的小水塘。”

陪审团的全体成员都被感动了。幼儿园败诉！

父母是孩子的第一任老师。然而许多的父母望子成龙心切，过早地用成人的观点教育孩子，常常否认甚至耻笑孩子的想象。孩子进入幼儿园后，幼儿园为满足家长的心理，开始教孩子许多所谓规范的知识。进入中小学之后，更是把孩子“好玩”的天性视为“洪水猛兽”，进行严厉的教育。在教学中，教师常常把自己的观点强加给学生，总是强调答案规范统一。这样就扼杀了学生的想象力，不利于学生创造能力的培养。

孩子的想象力是无处不在的，作为父母的我们不必刻意限制或是多加管教，让孩子自由发挥自己的想象力，可能会取得事半功倍的效果。

爱因斯坦说过：“想象力远比知识更重要，因为知识是有限的，而想象力概括着世界上的一切并推动着进步。想象力才是知识进步的源泉。”由此可见，对孩子想象力的培养是非常重要的。

孩子的想象也许有时候看起来有些可笑和不切实际，但是作为成人的我们是否想过，瓦特正是有了“为什么蒸汽能把壶盖顶起来”的思考，才有了后来蒸汽时代的到来；莱特兄弟正是有了“人能否长上翅膀，像鸟一样在天空中飞翔”的异想，才有了人类飞向天空的现实……可是看看当今的孩子们，他们的想象力究竟还有多少呢？

有这样一个真实的故事，在某个学校的考试中，有这么一个问题：“雪化了是什么？”这个问题对于稍微有点常识的人来说，是很简单的，但是老师在后来的阅卷中发现，有一个孩子给出了一个出人意料的答案：“雪化了是春天。”然而，这个别出心裁的答案被打上了一个鲜红的“叉”号，至于原因，自然是因为跟标准答案不符。

好一个跟标准答案不符！它如同一把坚硬的锉刀，毫不留情地磨掉了孩子们的想象力。但判卷的老师也是言之凿凿：我们这道题目考察的是孩子对于物理知识的掌握，雪化了当然就是水，虽然这个学生的答案非常有想象力，也很有诗意，但是他的答案与标准答案不符，不管他的想象力何等丰富，我们也只能给他判错。

其实，社会上已经有许多有识之士开始着手保护孩子的想象力了，哈尔滨市少儿活动中心就曾经创办了一个想象绘画班，然而最后的结果，却叫主办者哭笑不得。在想象绘画班开办了一段时间后，主办方为家长们开了一个绘画成果展，然而没想到的是，看着孩子们把马画成蓝色、绿色，家长们生气了，这是咋教的？这不是误人子弟吗？尽管校方再三解释这是要给孩子一个想象的创作空间，可班上 80% 的家长还是让孩子退了学。

这不由得叫人想起一个故事：

世界著名作家歌德小时候，他母亲常给他讲故事，但他母亲讲故事的方法比较独特，总是在讲到中途的时候停下来，留下一个让小歌德想象的余地，让他自己发挥想象，继续说下去，这就很好地激发和保护了孩子的想象力，使歌德后来成为举世闻名的大作家。

事实上，我们现在许多家长和老师在对孩子进行教育的时候，往往喜欢用讲故事的方法来引起孩子的兴趣，那么我们何不试着像歌德的母亲那样，把我们的故事，换一种方式来表达出来呢？让孩子用他那双想象的翅膀在想象的天空里自由地飞翔。

第六章

培养孩子的注意力和观察力

培养孩子专注的能力

父母箴言

注意力分散是孩子的一个普遍问题。一般来说，孩子的注意力是不太稳定的，往往对什么事都感兴趣，注意力容易随兴趣转移；同时，孩子的注意范围较小，注意力常会受情绪影响，注意分配能力也较差。所以，父母要对孩子的注意力加以引导。

激发孩子学习潜能的一个必要条件就是专注。一旦孩子养成了专注的习惯和个性，那么他的智力活动便进入了一个质的提高期，而这种让他专注的事物也必将成为他日后极其重要的部分。所以，当一个人在做某件事情的时候一定要专注。那些今天想当歌唱家，明天想当影视红星，后天又想当艺术家的孩子，注定要一生无所适从，一事无成了。

培养孩子做事专注的习惯，将会在他的人生中产生重大的影响。要知道，只有让孩子先形成一种专心的习惯，才有可能在日后对自己的事业全身心投入，不会被其他事情所干扰。所以，父母就要在孩子小的时候把孩子的专注能力给激发出来。当孩子在做某件事的时候，父母可以要求他在规定的时间内完成并帮助他排除外界的干扰；让孩子对他所感兴趣的问题不断寻根问底，深入思考；让孩子在兴趣广泛的基础上，选择最着迷的对象深入下去，父母还要有意识地强化孩子这方面的兴趣。

1. 让孩子在一个安静的环境中学习

想要让孩子能够在学习的时候集中精力，父母就应该让孩子在一个安静的、没有任何干扰的环境中学习，因为，孩子周围的环境往往会导致孩子注意力的不集中。所以，在孩子的学习环境中一定要物品摆放整齐有序，也不要有太多不必要的东西，更不要布置一些照片或是图画等和学习没有关系的装饰品，书桌上面也不要放和学习没有关系的东西，这样就不会让孩子的注意力集中到别的地方而忘了学习。当孩子在做作业的时候，父母要尽量不讲话，保持安静，更不要打开电视机，从而达不到让孩子专心学习的效果。

很多父母会犯一个错误，那就是，当他们让孩子认真学习的同时，自己在孩子学习的周围，制造出一些让孩子不能专心学习的声音。比如，有的父母会在孩子学习的时候在客厅看电视，有的父母会用很大的声音彼此聊一些事情，甚至有些父母会在孩子学习的时候总是问孩子一些问题。一定要记住，当孩子开始学习的时候，父母要尽量避免和他说话，也不要在孩子学习的周围制造出声音，更不要在孩子学习期间询问孩子一些问题，因为这些都可能会成为孩子不能集中注意力的原因。

2. 让孩子按时完成作业

一般父母都会遇到这样的情况，如果要求孩子在一定的时间内完成作业的话，孩子就会按时完成甚至是超时完成，而且正确率非常高。这个时候，孩子在学习时的注意力是绝对集中的，可是如果孩子没有被这样要求，那么，他用的时间就会很长，并且正确率明显比前一种情况低得多。虽然他用了很长时间来做，但是他的注意力却没有集中。所以，父母应该根据孩子的作业量订出时间，要求孩子在规定的时间内集中注意力，认真完成作业，如果孩子可以按时完成或者是超时完成的话，父母可以让孩子做一些适度的放松。

如果孩子的作业实在是太多的话，父母可以把孩子的作业分开，让孩子一部分一部分地来完成，这样不但对集中孩子的注意力有所帮助，而且还能够让孩子的学习有松有紧，可以提高孩子的学习效率。可是，如果父母要让孩子一次性把大量的作业做完，不许孩子在中途休息，并且还在孩子的身边不停地唠叨的话，就会让孩子开始产生抵触的心理，从而对学习失去兴趣，注意力当然也就不会集中了。

3. 给孩子玩的时间

父母总是希望孩子把大把大把的时间都花在学习上，成天趴在书桌上认真的学习，最好从来不会有想要玩的念头。可是，孩子的天性就是玩，如果父母把孩子的天性都剥夺了，那他怎么可能会专注于其他事情呢？如果父母硬要孩子只是学习，一点儿玩的时间都不留给孩子的话，那么孩子就会在学习的时候有意地拖延时间，有时候明明可以一个小时就做完的功课，他可能会花上2 ~ 3个小时，那么，多出来的那些时间他就会用到走神、发呆或者是玩铅笔上。因为他知道，父母只有在看到他学习的时候才会高兴，为了取悦父母，他只能这样做。

可能有的父母对于专注的含义不是太了解，专注的意思是指在一定的时间里高度地集中注意力，而不是说必须长时间地集中注意力。更何况，长时间地集中注意力对于孩子来说，不但不是什么好事，反而会让孩子不能更好地专注于一件事情。

4. 培养孩子的有意注意

有意地注意一件事情或是一个东西对于孩子来说很重要，有一些孩子的学习成绩差并不是因为他的智力差，而是因为他的注意力太过涣散，精神也集中不起来，所以，才导致了他们学习成绩不好。大家都知道，对于学生来说，最重要的就是听老师讲课。如果孩子不能在刚刚接触听讲时养成良好的听讲习惯的话，他的学习生活将会遇到一些困难。所以，父母要在孩子上学之前让孩子多做一些需要集中注意力才能进行的活动，这样对培养孩子的注意力是很有好处的。

很多孩子会对老师所讲的内容没有什么兴趣，所以他们的注意力才会涣散，才不能专心听讲，但是孩子又必须要注意听老师所讲的内容，因为，只有这样，他们才会学到知识。针对孩子的这种情况，首先，父母要让孩子知道听老师讲课的重要性，然后再找出对老师讲的有兴趣的地方，提高自己在听课时的注意力。如果孩子对于老师讲的实在是提不起什么兴趣，父母还可以让孩子自己告诉自己，一定要认真听课，如果把这堂课听懂，下次考试的时候就会容易得多了，自己就会轻而易举地取得好成绩了。另外还可以让孩子告诫自己，如果自己今天能够把这堂枯燥乏味的课听下来，就说明自己有很好的控制能力，这样不仅可以锻炼自己的控制力还可以让自己多学一些知识，何乐而不为呢。

5. 不要对孩子重复交代

总是有一些父母在对孩子交代的时候重复好多遍，生怕孩子记不住，孩子听多了也总会感到厌烦，所以当父母说话的时候，他们总会显得漫不经心。而在和别人交谈的时候，也就没有办法准确地抓住别人所讲的主题，因为，他已经习惯了别人不断地重复。所以，当父母在对孩子说某件事情的时候，只要说一遍就可以了。这样，可以让孩子在听父母讲话的时候集中注意力，抓住事情的主要内容，就会提高孩子集中注意力的能力了。

6. 通过玩游戏训练孩子的注意力

游戏是让孩子最感兴趣的一件事情，也是能够让孩子的注意力在一定时间内保持高度集中的一件事情。父母不要认为孩子做游戏是在浪费时间，其实游戏是可以用来培养孩子注意力的最好方法之一。因为，如果孩子想要在游戏中取得胜利的话，他就必须在游戏时把自己的注意力集中在游戏上，克制自己不分散注意力。所以，让孩子多做一些游戏，这也是一项提高孩子注意力的法宝。

怎样才能克服孩子注意力涣散的毛病

父母箴言

有很多成绩不理想的孩子都存在一个共同的缺点，就是注意力涣散，他们做什么事情都是漫不经心、粗心大意。为此，父母们非常着急。其实，这和孩子的自信心、心情等密切相关。

许多学习成绩不理想的孩子，存在一个共同的缺点，就是注意力涣散，上课时思想容易开小差，阅读课本时不专心，做习题时精力不集中。做什么都漫不经心、懒懒散散、粗心大意，这样的孩子怎样能把学习搞好呢？这些孩子只有克服掉注意力涣散的毛病，才能把学习搞好。那么，怎样才能克服这种缺点呢？

1. 培养注意重点的习惯

不管是听课、读书或者是做作业还是做别的事情，都要让孩子学会动脑子综合分析和比较，通过思考区别出所学内容的重点和非重点、本质和现象。动脑子思考的过程不仅能把孩子的注意力吸引过来，而且一旦区别出重要的与一般的内容，使认识得到加深，还会产生愉快的体验，使注意力稳定得更久。

训练孩子的注意力，一方面要让孩子将注意力稳定于注意对象不断发展变化的各个过程，另一方面要注重各种不同过程的相互联系，同时还要让孩子区别出主次轻重缓急。有的心理学家指出，具体训练应该这样做：要使每一客体的一般知觉保持得相当好，同时还要从次要的东西中分出主要的东西来，并把注意力集中在主要的东西上。在孩子每次活动或上课时，父母要让孩子学会动脑子分析内容的主次。这样坚持下去就能增强孩子的注意力。

有的专家认为，集中注意力就是将精力指向特定对象，专心的意思主要是专注地思考，对所关注的事物进行分析综合、比较归纳、抽象概括和系统化、具体化的思维，或者进行发散思维和聚合性的创造性思考。可以说所有伟大的科学家、艺术家和学者都具有高度集中注意于思维的非凡能力。想要让孩子们成为人才，就必须训练他们的注意力，特别是要训练他们专心思维的能力。

2. 专心训练

培养孩子注意力的可靠途径就是训练孩子能在各式各样的环境条件下都专心学习或做事。

一旦孩子确定了要做的事，就要有计划有目的地集中注意力，去做好要做的事，不要受其他刺激的影响和干扰。坚持无论读书学习，还是做其他事情，都把它们当作锻炼注意力的机会和场合，经常训练就会逐步形成良好注意的习惯。

苏联心理学家普拉托诺夫说："要想使自己成为一个注意力很强的人，最好的方法是，无论干什么事，都不能漫不经心！"

3. 学会不想自己

人们都有这样一个毛病，常常以为自己是被注意的中心，因此不自觉地把注意力指向自己。例如，当我们穿一件新衣服，或者戴一顶异样的帽子时，就总会以为众人都在注视自己。当一个学生考试不好，或做了件错事，他就会觉得众人在议论自己，看不起自己，甚至觉得没脸见人。一个同学站在座位上回答问题，虽然紧张但是还能说出话来，但如果站到讲台前面对着全班同学，他就会吓得说不出话来。因为他害怕答错了惹人耻笑，怕老师批评，怕同学会议论等，其结果是越想越怕，以致吓得连话都说不出来。其实这种总以为众人在注视自己的想法多半是或完全是自己的臆想，自己的许多不自然的态度和表现都是自己遐想的结果。每个同学都有自己的学习任务，有自己的事情，每个人的思想重点或注意指向都不相同，他们不可能有那么多时间注视别人，正像你自己常常把注意力指向自己一样，可能众人也还没有顾得上注意你呢！

有的学者说："自我的感觉是臆想的一种形式。别人并不会如你所想象的那样关心你。他们都有自己的事要忙。记得这一点，你在他们面前便不会感觉不舒服了。"

让孩子克服这种恐惧感的方法首先是让他不想自己，不要把注意力放到自己身上。其次是把注意力集中在眼前要解决的任务上，专心致志做事的人，就不会因为其他事情引起不安。

4. 关键是要有信心

能不能使孩子注意力集中，他的自信心是一个关键因素。静下心来以后，就要相信自己能够集中注意力，全神贯注地听课，于是就能获得好的效果。所以要教会孩子自己对自己说："我能够集中注意力，能够很好地听课！"如果孩子没有信心，认为自己的注意力集中不起来，那就真的会出现注意力不集中，就会出现失败。

5. 疲劳是集中注意力的大敌

孩子长时间地连续学习，彻夜不眠地看书会使他感到疲劳，因而大脑神经兴奋水平降低，注意力难以集中。比如长时间开车的司机，会因“疲劳驾驶”出现事故，这是非常危险的，有些人还会为此付出惨痛的代价。一定要让孩子们在学习过程中注意劳逸结合，保持精力充沛的生理状态，这样才能增强注意力集中的水平。

6. 心情愉快有利于注意集中

心情舒畅或联想愉快的事情能帮助集中注意力。有些研究生一想到学习的结果能获得硕士、博士学位，能戴上博士帽，心情就充满愉快，注意力就能集中。在出外旅游时，旅途劳累辛苦，但一想到它是一次难得的有意义的活动，也就不觉得苦了。常常跟孩子说一些愉快或是孩子有兴趣的事情，教他把克服注意力涣散当成是一件愉快的事情来做，这样注意力增强的速度就会很快了。

7. 心情平静有益于注意力

心情平静，情绪稳定，有助于个人控制自己的心理状态，使之集中精力，指向学习目标。所以在需要注意力集中之前，先使心神安定下来。有人说：“只要能静下心来，就等于集中了一半的精力。”反之，当孩子在心情焦躁、烦乱的时候，要想让他集中注意是一件很困难的事。那么如何才能使孩子的心里安静下来，下面再推荐几个放松的技巧，父母也可以和孩子一些来做。

（1）深呼吸法

坐好，轻轻闭上眼睛，慢慢地呼气、吐气，速度越慢越好，然后慢慢地吸气。如此重复数次，心情就会平静下来，就能把与学习无关的杂念赶出脑海，干扰一旦被排除，就能全神贯注地去学习了。

（2）静坐法

静静地坐着，脑子里不要想任何事情，眼观鼻、鼻观口，约半分钟，这样就会渐渐地达到无私、无欲、无我的一种精神境界，这时脑子就会平静下来。“宁静致远”，这时学习的效果会格外好，思考问题也深刻，有人说这也是发挥个人潜力的一种有效措施。

（3）目标转移法

请仔细观察眼里的某一件物品，看清它的形状、颜色、材料和其他特点，然后闭上双眼，回忆所观察到的物品，再睁眼观察一下所看物品，检查回忆得是否正确。这时就会发现，脑子里原有的想法或杂念都被“扫除”出去，大脑变得平静了。

（4）回忆法

上课前，让孩子提前 2 分钟坐在座位上，认真地回忆这门课程上一次讲到什么地方了？主要内容是什么？自己已经掌握了多少？这样的考虑会不知不觉地引导孩子的思路，使之纳入这堂课的轨道。

在晚上做作业和复习功课时，如果心理状态不安静，也可以用回忆法，回忆课堂上老师讲课的内容，这样既复习了功课，又能平静下来，专心致志地做作业或复习功课。

（5）聆听法

聚精会神，仔细倾听某一种声音，对周围其他的声音则听而不闻。被倾听的这种声音越轻微，注意力也就会越容易集中。如此反复训练，注意力就能集中。例如，有位中学生，放学回家后，每天练习听时钟的滴答声。第一天 10 次，第二天 15 次，第三天

20次，逐渐增多，每次都训练自己只听到钟的“嘀答”声，周围声音都听不见。半个月后，他的专注力大大提高，而且能排除外来干扰，专心致志的学习，长时间训练，就可以养成专注的良好习惯，则受益会更多。

为什么要让孩子拥有善于观察的能力

父母箴言

观察是有目的、有计划、比较持久的知觉。这是人对客观事物感性认识的一种主动表现，是有意知觉的高级形式。观察是孩子增长知识的主要手段，它在孩子的实践活动中，具有重大的作用。

观是看，察是想。让孩子观察问题，不仅仅应该让孩子知道事物是这样的，而且必须知道为什么是这样的。孩子要认识一个事物，总是从观察开始的，有了观察，便开始有了注意、记忆、想象和思维等，如果把孩子的观察比作蜜蜂采花粉，那么思维等心理活动就好比将花粉酿成蜜，没有花粉就酿不出蜂蜜。没有良好的观察，孩子的思维就会因为缺少材料而得不到良好的发展。所以观察是认识的基础、思维的触角。

观察是孩子认识世界、增长知识的主要手段。它在孩子的一切实践活动中，具有重大的作用。孩子通过观察，获得了一些知识，对事物有了一些鲜明的印象。观察和随便看看、随便听听是不一样的。而孩子观察能力的强弱决定着孩子智力发展的水平，因为观察力是一个人智力活动的基础，想要发展孩子的智力，首先就必须把观察的大门敞开，让外界的信息源源不断进入孩子的大脑。如果把孩子观察的大门堵住，老是让信息吃闭门羹，那么，他的智力不仅不会提高，反而会每况愈下。

心理学专家认为，如果让孩子生活在缺少日常刺激使感觉起作用很少的环境下，会使他们的知识内容显得苍白无力，而且注意力涣散，容易受到暗示，并且缺乏学习能力。另一个实验表明："仅仅遮断触觉刺激，也会使被试者智力迟钝，手指尖的灵巧性下降，感情容易冲动，并出现离奇古怪的思维。"既然缺少一般性的感知，就会使孩子的智力活动受到如此明显的不良影响，那么，缺乏有目的、有计划的观察，对孩子智力活动的消极影响是不言而喻的。

大量的事实证明，观察力是一个学者不可缺少的品质。认识来源于经验。我国著名科学家李四光以他敏锐洞悉各种现象的观察力著称于世。他走到哪里，就观察到哪里，处处留心，时时注意，从不放过任何一个微小的观察机会和意外情况。无论是出国讲学，参加国际会议，还是旅行、散步，他都要找机会进行地质观察。

一个有作为的人是否能够提出并解决新问题的前提也是观察力。人类如果要进步，就要不断地发现新问题、解决新问题。一个具有敏锐观察力的人，即使在众人司空见惯的事物中也能发现新问题。我国古代的名匠鲁班上山时被草叶划破了手指，他从草叶边缘呈锯齿形的特征中受到启发，发明了锯。德国著名的科学家魏格纳病在床上，仔细观看起一幅世界地图来。普通的一张世界地图，人们不知看了多少遍，而魏格纳却通过观察发现，各大洲的边缘，像锯齿一样参差不齐，却恰好可以互相拼接在一起，由此提出了“大陆漂移学说”，后来得到证明，一举成名。生物进化论的创始人达尔文，有一次发现许多昆虫落到一种特殊植物的叶子里面，植物受刺激后，分泌出一种消化液，把昆虫吃掉，变成这种植物体的营养。后来达尔文经过 16 年的观察研究，写出了《论食虫植物》一书，为生物学研究做出了贡献。我国著名的药物学家李时珍的巨著《本草纲目》，著名地理学家徐霞客的《徐霞客游记》都是他们不辞劳苦，有计划、有目的地进行实地观察的结晶。这些大量的事实证明，没有敏锐的观察力，就不会有什么新的发现，也就不会有人类的进步。

观察力还是孩子进行学习活动的必要条件。学习活动是一种复杂的智力活动，智力活动的基础就是观察。没有一点观察力就无法写作文，孩子就无法解数学题，无法听课。观察力在孩子的一切活动中都是必不可少的。将来要当科学家、艺术家、企业家或领导人都应具备高度敏锐的观察能力。

苏联教育家赞科夫经过几十年研究，发现学习成绩差的孩子有一个共同特点，就是观察力差。学习的基础是以直接经验为主，间接经验为辅。而观察是孩子们获得直接经验的重要途径，观察力的强弱，直接影响着学生的学业成绩。

例如，在语文学习中，两个字的字形、写法只有细微差异，观察力较强的同学就能看出来，观察力较差的同学就常常把它们认错或写错。在写作上，如果观察力较强，就可以抓住现实生活中的大量材料，感到有东西可写，对人物、事件的描写就细致、深入、具体、生动；反之，在这方面能力较差的学生，就感到没有什么可写，描写不具体，或就事论事，空洞无物。在数理化的学习中，如果有较强的观察力，在老师用实验演示或图形说明某一个概念时，就能抓住本质，看到数量关系的变化，理解概念的实际意义。在简便计算和速算过程中，也需要有较强的观察力，才能发现运算的各个数的特征，选择合适的简便方法。例如，要求同学们找出下列数的关系，在（　）中填上适当的数1，2，3，5，8，（　）。观察力好的同学，很快能从数的顺序上观察出数量关系的变化，填入恰当的数，而观察力差一些的同学可能感到无从下手。

我们下面谈谈观察力的特点。观察力的特点又称作观察力的品质。了解观察力的特点对提高孩子的智商有着重要的意义。

1. 观察的目的性

如果一个人在进行感知时，没有明确的目的，那么就只能算是一般的感知，不能称为观察。只有当那种感知活动具有明确的目的时，它才能算是观察。因此可以说，目的性是区分一般感知和观察力的重要特点之一。

作为观察的目的性，至少应当包括：明确观察对象、观察要求、观察的步骤和方法。而这些内容，可以在观察前的观察计划中以书面的形式写下来。一般来说，不论是长期的观察，系统的观察，还是短期的、零星的观察，都必须制订观察计划。

观察的目的性，还要求我们在进行观察时，必须勤做记录。这种记录是我们保存第一手资料最可靠的手段。记录要力求系统全面，详尽具体，正确清楚，并持之以恒。实践证明，要做好观察记录，特别是长期的系统的观察记录（如观察日记），必须坚持到底，持之以恒。切忌半途而废，功亏一篑。中国科学院副院长、气象学专家竺可桢在北京几十年如一日，对气候变化，进行长期观察，从不间断。他每天都坚持测量气温、风向、温度等气象数据，直到逝世的前一天。而他的观察和记载也为编写《中国物候学》积累了丰富的资料。

2. 观察的条理性

观察是一种复杂而细致的艺术，不是随随便便地进行所能奏效的。观察必须全面系统，有条不紊地进行。长期的观察需要如此，短期的观察也需要如此。

一般来说，有以下几种方式。

（1）按事物出现的时间，可以由先到后进行观察。

（2）按事物所处的空间，可以由远及近或由近及远地进行观察。

（3）按事物本身的结构，可以由外到内，也可以由内到外，或者由上到下，由左到右，可以由局部到整体，也可以由整体到局部进行观察。

（4）按事物外部特征，可由大到小或者由小到大进行观察。

观察力的条理性，可以保证输入的信息具有系统性、条理性，而这样的信息，也就便于智力活动对它进行加工编码，从而提高活动的速度与正确性。如果一个人做事杂乱无章，那么通过他所获得的信息也就必然是杂乱无章的。这样，他要想在一堆乱麻中理出一个头绪来，必然要花费较多的时间和精力，甚至还可能影响到结果的正确性。

3. 观察的理解性

观察力包含两个必不可少的因素：一是感知因素（通常是视觉），二是思维因素。

思维因素是观察力的主要作用，它可以提高观察的理解性。理解可以使我们及时地把握观察到客体的意义，从而提高我们对客体观察的迅速性、完整性、真实性和深刻性。

在观察过程中，运用基本的思维方法，对事物进行有效的比较分类、分析、综合，找出它们之间的不同点和相同点，这样，就易于把握事物的特点。考察事物的各种特性、部分、方面以及由这些特性、部分、方面所联成的整体，就会使我们易于把握事物的整体和部分。

4. 观察力的敏锐性

观察力的敏锐性是指迅速而善于发现容易被忽略的信息。科学家和发明家的可贵之处就在于此。牛顿根据苹果坠地发现了万有引力规律，瓦特根据水蒸气冲动壶盖发明了蒸汽机。在学习活动中，同学之间的观察力也千差万别，同一个问题，有的同学一眼就看出问题的要害和内在联系，有的同学则相反。敏锐性的高低是观察力高低的一个重要指标。

观察力的敏锐性与一个人的兴趣往往是密切相关的。不同的人在观察同一现象时，会根据自己的兴趣而注意到不同的事物。兴趣可以提高人们观察力的敏锐性，例如，同在乡野逗留，植物学家会敏锐地注意到各种不同的庄稼和野生植物；而一个动物学家则又会注意到各种不同的家畜和野生动物。

达尔文曾经谈到自己和一位同事在探测一个山谷时，如何对某些意外的现象视而不见：“我们俩谁也没有看见周围奇妙的冰河现象的痕迹；我们没有注意到有明显痕迹的岩石，耸峙的巨砾……”显然，达尔文对各类生物的观察力是非常敏锐的，但对于地质现象却没有什么兴趣。

观察力的敏锐性是与一个人的知识经验密切相关的。一个知识渊博、经验丰富的人，他在错综复杂的大千世界中，自然容易观察到许多有意义的东西。相反，一个知识面狭窄、经验贫乏的人。他面对许多被观察的对象，总有应接不暇的感觉，而结果是什么都发现不了。当然，知识对观察的敏锐性有时也有消极作用。有些人常常凭借知识对一些事物进行主观臆断。

歌德曾说过：“我们见到的只是我们知道的。”

5. 观察力的准确性

首先，正确地获得与观察对象有关的信息。在观察过程中，不仅要注意搜寻那些预期的事物，而且还要注意那些意外的情况。

其次，是对事物进行精确的观察，既能注意到事物比较明显的特征，又能觉察出事物比隐蔽的特征；既能观察事物的全过程，又能掌握事物的各个发展阶段的特点；既能综合地把握事物的整体，又能分别地考察事物的各个部分；既能发现事物之间的相似之处，又能辨别它们之间的细微差别。

最后，搜寻每一细节。一个具有精确观察力品质的人，他在观察事物的过程中，就会避免那种简单的、传统的、老一套的方式，选择那种不寻常的、不符合正规的、复杂多变的创新方式，这往往是富有创造力的表现。例如，让被试者在 30 分钟之内用

22 种不同颜色，一寸见方的硬纸片，拼成 24 厘米长、33 厘米宽的镶嵌图案时，创造能力高的人通常会尝试把 22 种颜色全部用上；而较平凡的人则趋于简单化，利用颜色的种类较少。不但如此，创造能力较高的人所拼的图案，近乎奇特，无规律，不美观，他们不愿意依样画葫芦，仿拼任何普通图形，而愿意大胆地独出心裁，标新立异，不怕冒险，向通俗的形、色挑战。

各种观察力的品质在学习活动中有各自不同的作用。观察的目的性是学习目的性的一个有机组成部分，它可以保证我们的学习能够按照一定的方向和目标进行。观察的条理性，是循序渐进地从事学习的不可缺少的心理条件，它有助于我们获得系统化的知识。观察力的理解性可以帮助我们在学习中对由观察而获得的知识的理解，不至于生吞活剥，囫囵吞枣。为了获得某些看来平淡无奇，实际上意义较大的知识就必须具有敏锐的观察力。精确性可以帮助我们对所得到的知识深刻准确地领会，不至于似是而非，以假乱真，错误百出，纰漏丛生。在学习中，我们必须把观察力的各种品质结合起来，按照预定的目标去获得系统的、理解的、深刻的、真实可靠的感性知识。

第七章

培养孩子的创造能力

让孩子学会自己动手去做

父母箴言

在日常生活中，父母总是认为孩子的年龄小，能力差，所以很多事情都由自己一手包办。这样对孩子的健康成长是非常不利的。父母作为启发教育者，要培养孩子爱动手的好习惯。在培养孩子的动手能力时，父母要持之以恒，直到由技能变成技巧，熟练掌握。

手是人的重要感觉器官，通过它，可以获取更多的外界信息，这些信息能促使大脑积极活动，有利于大脑神经细胞功能的迅速发展，而大脑的神经中枢又能调节手指的活动能力。神经中枢与手指活动的相互作用，可以促进孩子大脑的发育，使孩子心灵手巧，聪明能干，因此，动手是促进孩子智力发展的重要途径。

在孩子自己动手操作的过程中，其他智力因素也就相应得到了发展。孩子动手操作，就有机会接触更多的事物，可以扩大他们的知识面，提高他们多方面的兴趣。为了完成一个操作动作，他们的活动就必须有一定的目的、计划，这些都必须借助一定的想象力和创造力，所以，孩子动手对发展他们行为的目的、动机、想象力、创造力、意志力都大有好处。让孩子自己动手，还有助于他们认识自我，培养他们的自我服务能力，克服样样都要依赖别人的不良习惯。

所以，要想发展孩子的智力，使他们成为一个全面发展的人，就要多给他们动手的机会，千万不要因为担心孩子不小心做错事，或怕他出事，或怕他损坏东西，就不让他们自己动手。而且，教导孩子动手“操作”是一件很复杂的事情，如果没有适当的教导，他们的操作就会乱七八糟，而这类杂乱无章的动手操作正是孩子的特征。如果父母教他们动作操作，动作就有了明确的目的，孩子就会静下心来成为一个动手操作者。所以，父母要从小培养孩子动手操作的能力。

1. 兴趣引导勤动手

在开始的阶段，孩子对身边的一切新鲜事物都有着好奇心，这是人的本性所决定的。他们会认为帮助父母做事是一件很光荣的事，父母应该趁此机会让孩子勤动手，并引导其成为一种兴趣习惯。有时候，孩子会摆出“小大人”的样子，说“我自己来，我会”“妈妈放手，我能”等。在这种情况下，父母就应该放手，让孩子自己来。哪怕是孩子认为自己可以移动一只怕碎的花瓶，也要让孩子自己动手，如果可以因为打碎一只花瓶，而换来孩子的自信或者是孩子勤动手的好习惯，那么，一只花瓶又算得了什么呢。

在生活中，父母也可以用一些废弃物品与孩子共同动手制作工艺品，比如用蛋壳制作人头像或用泡沫雕刻一些形状简单的东西。这样一方面让孩子从小认识到双手的魅力，让孩子懂得生活中很多废弃物都是可以利用开发、变废为宝的，另一方面还可以让孩子有自己动手的“成就感”，这种“成就感”更可以增强孩子的动手兴趣。所以，父母平时要多买一些手工制作图片或书籍，让孩子从中展开制作的想象力和制作的兴趣。也可以多让孩子做一些动手的游戏，如折纸、剪纸、撕纸张、粘贴、组装玩具等，多为孩子提供动手的机会。

在孩子做某件事情的时候，父母可以在一旁观察、鼓励，或适时地加以协助。如果孩子实在做得不理想，也不要责备他，可以在孩子离开现场后再略加收拾，因为孩子的自尊心致使他不愿意接受大人的帮助。

2. 鼓励动手增信心

称赞是鼓励孩子、增加孩子信心再合适不过的一种激励方式。当孩子做出一些“小成绩”的时候，请父母不要忘记告诉孩子，他们是多么的优秀；当孩子帮你做了某一件“小事情”的时候，千万不可忘记告诉孩子，你对他们的帮助是多么感激。这种真诚的感谢会令孩子更积极、更认真、更负责地成为一个自信、热爱劳动的好孩子。比如说，妈妈在择菜时，可以让孩子参与，并以游戏竞争的形式看谁择得又快、又多、又好。妈妈可以故意输给孩子，以增强孩子动手的信心。当下次再择菜时，孩子就会主动请缨挑战。当孩子发现成人能做的事自己也能做时，就会从中发现自身的能力和潜力，就会对自己充满信心。

不要让孩子失去动手的机会。有时父母会因为孩子动作太慢、太笨，而代替孩子去做。这样容易养成孩子的依赖心理、惰性心理。不要强迫孩子做他不愿意做的事，或者他力所不能及的事。希望孩子做的，一定是孩子能够完成的，否则会挫伤他的信心与勇气。因为家长一道否定的目光或一声消极的语气，都对孩子有极大的“摧毁力”；相反，家长一道赞赏的目光或一句激励的话语，又有着使孩子充满自信并取得成功的魅力。

3. 手脑结合开启孩子的智力

孩子的动手能力是对大脑发育最好的刺激。3 岁前父母应该教幼儿握笔、写字、做手工、拿筷子等，动手的同时就将新的刺激源源不断地输入了孩子的大脑。脑的使用度越频繁，脑的成熟度就会越高。

人们常说“心灵手巧”，脑越用越灵，手越用越巧。因此，父母应该安排孩子做一些必要的家务活。例如，起床后自己叠被、扫地、擦桌子、饭后洗碗、刷锅、购买小件物品等。这些应当要求孩子主动来做，这对孩子能力和责任心的培养作用都不可小视。

父母可以帮助孩子做一些简单的小实验，让孩子从动手中开发智力，体验到成功的快乐。使孩子由“‘通过理解一个道理而去做实验’发展到‘通过实践证明一个道理’”，也就是说，由被动操作向主动实践的转换。由此养成一种手脑的相互结合，手脑相互促动的好习惯。

4. 具体指导，技能训练

父母应认识到任何一种新的动手技能都要以一些原有的动作为基础。如打字，虽然是第一次练习，但如果过去学过弹钢琴或电子琴，其中所包含的按键动作，就会对打字有帮助。所以，小学生从小培养各种动手能力，对他们将来的学习、生活、工作都大有好处。

有时，在培养儿童动手能力过程中，发展到一阶段就会停滞不前，这是一般练习中都有的，心理学上叫“高原期”，在这个阶段，家长鼓励孩子不要放弃，继续练习，达到一定阶段，会出现质的飞跃，就是我们常说的“熟能生巧”。

父母作为启发教育者，在培养孩子的动手能力时要持之以恒，直到由技能变成技巧，熟练掌握。

正确应对孩子的好奇心和求知欲

父母箴言

世界对于孩子来说是一个非常新奇的事物，他们对世界从一无所知到逐步认识，好奇和求知是他们认识世界的开始，也是他们的好奇心和求知欲得到满足的突破口。所以，父母一定要做到及时地、耐心地回答孩子提出的各种问题。

“人为什么要吃饭呢”“飞机为什么会飞”“月亮为什么会跟着我走”孩子总是会不停地问问题，这些无休止的问题常常会给父母来一个措手不及。

世界对于孩子来说是一个非常新奇的事物，他们对世界从一无所知到逐步认识，好奇和求知是他们认识世界的开始，也是他们的好奇心和求知欲得到满足的突破口。

“学问学问，边学边问。”学问和知识就是人在不断的探索中，在不断地提出问题和解决问题的过程中获得的。大人如此，孩子更是如此。区别只是大人有了问题，他会在没有适当的人可以求教时，自己去看书，寻找答案。而孩子由于知识有限，没有这方面的能力，或者这方面能力比较差，他们就需要父母的帮助。孩子有问题找父母，这正是孩子对父母信赖的表现。孩子想了解周围的一切，渴望从大人那里得到答案。有些问题在父母看来是幼稚可笑的，但对于孩子来讲却是神秘好奇的。正是这种好奇心使牛顿从苹果落地的现象中发现了“万有引力”；正是这种好奇心使瓦特从水蒸气推动壶盖的现象中发明了蒸汽机；正是这种好奇心使伽利略对教室里吊灯的均匀摆动产生兴趣，使他发现了等时性……所有这些都说明了少年儿童的好奇心与人的创造力有着密切的关系。做父母的为了孩子的成长应尽一切努力来帮助孩子，比如帮助解答孩子的问题，孩子还没有查书寻找答案的能力，父母就应自己查书寻找答案。如果父母在面对孩子的问题不知该如何回答时千万不要敷衍了事，或横加指责，那样会把孩子求知的欲望扼杀掉的。

父母对孩子的好奇心应该十分珍惜。儿童的心理发育是从低级向高级发展的，学龄前期像一座桥梁横跨在幼儿期和小学期之间，这个时期孩子的认知能力、思维能力迅速发展。各种心理倾向的空白点也正在陆陆续续地填补，渐渐对各类事物产生个人兴趣，而且好奇心特别强，总爱问这儿问那儿，有时还会做出一些“破坏性行为”，如拆坏钟表、电动玩具等。人民教育家陶行知先生曾对一位因好奇心而拆坏了金表的孩子的母亲这样说：“小孩子拆金表是出于他对表为什么不停地走的好奇，这种探求知识的好奇心是十分可贵的。”他建议这位母亲带孩子到钟表店去看师傅修表，把钟表店当课堂，让修表师傅当老师，将修理费当学费，这样就可以满足孩子的好奇心，使之更加聪明。陶行知先生的处理方式不愧是我们做父母的正确对待孩子好奇心的典范。好奇心满足了，智力水平也就提高了一步，好奇心不断得到满足，智力也就不断提高。所以，父母要充分珍惜学龄前儿童求知心理的最佳时期，及时地、耐心地回答孩子提出的各种问题。

要做到及时地、耐心地回答孩子提出的各种问题，以下十点建议可供参考。

1. 加强自身修养和学习

要使孩子懂，首先自己要懂。知识是无穷的，希望孩子成长，父母就要博览群书，掌握丰富的科学文化知识。如果有些问题一时难以解答，可以带孩子一起查找书籍，直到弄懂为止。如果父母一问三不知，又怎样满足孩子的求知欲呢？

2. 讲究科学性

教给孩子的知识必须真实，符合客观实际，切忌把模棱两可、违背科学的东西告诉孩子。如果孩子提出的问题比较复杂，比如，“人是怎样跑到电视机里去的？”“月亮为什么有时大有时小？”父母必须把正确的答案告诉孩子，切忌胡编乱造，使孩子接受错误的知识。如果父母也不懂，可以找书，也可请教别人。父母的这种尊重科学、实事求是的精神也会感染孩子。

3. 注重通俗性、趣味性

对孩子提出的问题，父母只有通俗地把具有趣味性的知识讲出来，孩子才能充分接受。

4. 注意正确“导航”

孩子好奇心是诸多方面的，他们提出的不一定都是知识性或有积极意义的，有些还是不切实际的。有时他们跃跃欲试，要去看、听、闻、尝、摸、捏、掂，有的还会做出些“惊人之举”，如用嘴尝任何东西、到池塘边玩水、摸电器插头、开关等，有时还会捅出“娄子”，给大人添麻烦。此时，父母要积极引导，讲清道理。

孩子的心灵发育一辈子只有一次，每一阶段的发育都是无法重复的，好奇心的发育同样如此。父母应珍惜和满足孩子的好奇心，不断提高孩子好奇心的水平，充分利用孩子求知的最佳时期，讲究科学的育儿方法，促进孩子的智力发展和身心健康。

5. 幽默感

对孩子不要摆出像法官般一脸的道貌岸然，也无须扮演命令、威胁、说教或斥责的角色，因为这些角色往往会使孩子产生恐惧而畏缩。所以，父母要给孩子温暖和安全感，然后发现问题并协助他解决问题。

6. 给孩子创造一个丰富多彩的学习环境

环境刺激是丰富多彩的。当世界上千姿百态的事物具体地呈现在孩子面前时，要让他们亲自去看看、听听、闻闻、尝尝，以至于摸、掰、拆等摆弄一番。这实际上就是让孩子主动去探索生活中的奥秘。日常生活中，可以让他们多玩些色彩鲜艳的或者能活动、能发声的玩具，如各种娃娃、带动力的小汽车、飞机及小铃铛、玩具乐器等，从一开始认识世界就丰富他们的眼界。在节假日还可以带他们出去郊游，大自然中的花草树木、鸟兽虫鱼、青山绿水都充满了知识的奥秘，对孩子有着无穷的吸引力。

7. 利用故事增强孩子的好奇心

故事是用口语化的艺术语言来表达的，它有内容、有情节，形象生动，孩子一般都非常喜欢听。故事不但能丰富孩子的知识，扩展孩子的视野，使他们从中懂得人生的哲理和人生价值，而且还能起到增强好奇心、丰富想象力，从而激发求知欲望的作用。有位儿童教育专家建议：当孩子刚满 6 个月，可以坐在大人膝盖上的时候，就应当给他们读书或根据书、画讲故事给他们听，这种抚爱和温馨的气氛能培养他们对书籍的感情。

8. 鼓励孩子积极探索

好奇、好问、好动是孩子的天性，我们应加以爱护，并给他们充分的自由，允许他们大胆地去想象。即使产生了一些稀奇古怪的想法，也不能盲目否定，而应采取他们能理解的方式，耐心解答，共同讨论，或提出问题引导他们继续思索。同时，要关心他们那些在大人看来是“错误”的行为，要善于发现他们“错误”中的创造成分，帮助他们选用适宜的方法，继续展示出来，及时肯定他们与众不同的想法和做法，推动宝宝好奇心的发展。

9. 为孩子提供动脑、动手的机会

根据孩子模仿性强、爱动的特点，可以让他们利用手边的工具，充分运用各种感官，自己观察，自己动手操作，让孩子体验到一种自我成就感和乐趣。比如让孩子自己制作简单的玩具，自己设计一种游戏等。他们对于自己动脑筋想出来、自己动手做出来的东西，有一种偏爱和特殊的兴趣，因而类似活动有利于激发起他们强烈的好奇心和求知欲，从而逐渐培养起学习兴趣。

10. 不要挫伤孩子好问的积极性

孩子对什么都感兴趣，有着强烈的探索精神。他们常会问父母，自己是怎么出现在这个世界上的。作为父母，我们应好好地回答他们的问题，而不要随随便便地搪塞一些答案，如“路上捡到的”“从石缝中跳出来的”，等等。这样不但会使孩子幼小的心灵感到害怕，也很可能会使他失去再提问题的兴趣。相反，如果我们的回答既生动又活泼，如直接回答孩子：“是从妈妈肚子里生下来的”，孩子也许会有一连串的联想，如“为什么妈妈的肚子里面会有我”“妈妈又是从哪里生出来的呢”，无形之中就能帮助孩子建立对生命、未来的好奇。

第二篇

教孩子养成好习惯、好性格

第一章

培养孩子从好习惯开始

好习惯将使孩子受益一生

父母箴言

马克思说："父母的职业是教育孩子。"从道义上讲，科学教育子女是父母义不容辞的责任。父母应树立科学的教育理念，力争用科学的方法使孩子养成良好的习惯，使孩子的智力得到最大程度的发挥。

关于习惯，我国古代大思想家墨子最有名的思想就是"束丝说"："染于苍则苍，染于黄则黄，固染不可不慎也。"的确，孩子生下来就像一束白丝，父母把它染成黑的就是黑的，染成黄的就是黄的，所以说染丝不可不谨慎，对孩子的教育也是这样，千万不能掉以轻心。

大教育家叶圣陶先生曾经说过："教育其实就是培养习惯。"培根也说过："习惯是人生的主宰。"之所以这么说，是因为习惯一旦形成，就会成为一种半自动化的潜意识行为，对人生、事业、生活起着永久性的作用。良好的习惯就像人存放在自身当中的"道德资本"，会使人终身受益。

在一次诺贝尔奖得主的聚会上，记者问一位科学家："请问，您认为您在哪所大学学到了最重要的东西？"

这位科学家说："在幼儿园。"

"在幼儿园学到了什么？"

"学到了把自己的东西分一半给小伙伴；不是自己的东西不要拿；做错事要表示歉意……"

这位大科学家所谓的最重要的东西，其实就是良好的习惯。

习惯是今后伴随孩子一生的东西，影响其生活方式和成长的道路。习惯是不断重复或练习而形成的固定化行为方式，其最大特点是自动化。一个人一旦养成良好的习惯，其学习、生活和工作效率便会大大提高，具体表现在以下几个方面：

（1）养成了习惯，则无须花费时间考虑，无须高度集中注意力就能顺利完成一系列活动，既节省精力又能提高功效。

（2）养成了习惯，人的动作会更加协调、准确。人就可以得心应手地从事某些复杂、难度高的动作。

（3）人的动作习惯一旦形成，就会长久地保存下来。换句话说就是，习惯能使人的行为能力得到贮存。当需要时，潜意识马上就会唤醒那些中断了的行为习惯，肢体感官随即也能按定式做出相应的反应。所以，恢复过去的某些行为，要比当初学这些行为快得多。

习惯是在人的生活、学习过程中逐渐形成的，是可以培养的。父母要想使自己的孩子更出色，就得从培养孩子的好习惯入手。

那么，父母应如何科学地培养孩子良好的习惯呢？专家认为主要应从以下几个方面入手。

1. 明确要求，严格执行

对孩子行为习惯的要求，父母应交代得详细明确，让孩子清楚明白，决不能含含糊糊，使孩子看不见摸不着，不知从何入手做。

“没有规矩，不成方圆。”在孩子了解清楚的基础上，就应严格实施。父母决不能只提要求，在行动上却不加以督促。不严格要求孩子，遇到困难就放任孩子打退堂鼓，非但不能使孩子养成良好的习惯，反而会加重孩子的惰性，使孩子变得散漫任性。因为在好习惯形成过程中，常常有相反力量在作祟。如拾金不昧等，只要有一回因私心杂念夺去了孩子对好品德的追求，重新做起来就会变得困难了。

所以，对孩子的要求一旦提出，就应严格施行，毫不退让，更不能轻易改变。这样，才有助于孩子良好习惯的养成。

2. 孩子有了好的表现要及时鼓励

心理学家威廉·杰姆斯曾说过：“人性最深层的需求就是渴望别人的赞赏。”著名作家马克·吐温也曾深有体会地说：“靠一个美好的赞扬我能多活上两个月。”谁都希望得到别人对自己优点和长处的赞赏，天真烂漫的孩子尤其是这样。因此，父母要抓住适当的时机，对孩子多加赞赏。

父母鼓励孩子的方法有很多，对孩子来说，父母一句赞赏的语言、一个信任的神态可能都是不小的鼓励。父母鼓励孩子的机会也很多，孩子自己动手叠被、整理衣物时，父母可以对孩子说："宝贝，自己的事情自己做，真是好样的！"孩子为他人、为社会做了好事时，父母可以对孩子说："关心他人、助人为乐是一种了不起的行为，爸妈为你感到自豪！"孩子在学习或生活上遇到了困难、打击却不灰心，父母可以对孩子说："困难是暂时的，爸妈相信，只要你不向困难低头，就一定会成功！"

3. 树立正确的教育理念

每一位年轻父母生下孩子的时候，都会感到无限的欣慰，全家人感到莫大的幸福，因为孩子会给家庭带来幸福、欢乐，使家庭生活大放光彩。沉浸在欢乐之中的父母，没有不想把孩子教育好的，然而由于教育方法不得当或者其他方面的原因，随着孩子年龄的增大，这份光彩很快就会消失，代之而来的则是无限的烦恼、痛苦和悲伤，甚至是社会的灾难。

有关数据显示：未成年犯人和普通未成年人之间的差异是父母对孩子思想品德的关心程度不同。未成年犯人父母往往是更多地关注孩子的健康、功课学习、吃饭穿衣，思想品德在他们的教育理念中的地位是微乎其微的；普通未成年人父母则把思想品德放在第一位，然后才是健康、学习功课等。"重智轻德"的错误教育观必然会导致许多不良习惯的形成。

从道义上讲，科学教育子女是父母义不容辞的责任。马克思说："父母的职业是教育子女。"父母要放下架子，学会尊重孩子；

在新知识面前，要和孩子共同学习；从古代、现代的家教典故中学习，从身边的好家教中学习。

作为父母，要自觉学习教育孩子的方式方法，不断提高自身的教育能力，特别是培养孩子良好习惯和矫正不良习惯的能力。

4. 防微杜渐，及时矫正孩子的不良习惯

对于孩子的行为，父母不能听之任之。父母一定要把孩子的坏习惯消灭于萌芽状态，防患于未然。否则“小洞不补，大洞吃苦”，等到孩子的坏习惯发展到违法犯罪的行为时，就为时已晚了。父母应让孩子明白“勿以恶小而为之，勿以善小而不为”的道理。对孩子身上已经出现的不良行为习惯，父母一定要帮助孩子及时矫正。

5. 做好打持久战的准备

良好习惯的养成不是一朝一夕的事，它必须经过长期的训练。虽然美国有专家研究发现，养成一个习惯需要 21 天，但这 21 天是个平均数，养成的习惯不一样，每一个人的认真程度不一样，刻苦程度不一样，所用的时间也肯定不一样。

虽然我们无法确定让孩子养成一个习惯究竟需要多长时间，但可以肯定的是，所用的时间越长，孩子的习惯就会越牢固。所以，对于孩子每一个习惯的培养，父母都应做好心理准备，长时间坚持。这对父母来说是十分艰巨的任务，但为了孩子的终生幸福，广大父母要不怕反复，要持之以恒。

美国心理学家威廉·詹姆斯说：“播下一个行动，收获一种习惯；播下一种习惯，收获一种性格；播下一种性格，收获一种命运。”用科学的方法培养孩子良好的习惯，才能使孩子的智力得到更有效的发挥。

可以说，一个好的习惯将使孩子受益一生。

让孩子养成良好的卫生习惯

父母箴言

在现实生活中，经常会有一些人由于不讲卫生而染上急性或慢性疾病。孩子的抵抗力比较差，容易感染疾病，更应注意讲究卫生。孩童期是习惯养成的重要时期，抓紧这个时期进行培养，使孩子养成良好的卫生习惯，将收到事半功倍的效果。

有人认为，“不干不净，吃了没病”，这是缺乏科学根据的。在现实生活中，的确有那么一些人不怎么讲究卫生，而身体也还健康，但是他们的身体健康并不是由于不卫生造成的，而是受其他因素的影响。例如，阳光充足，空气新鲜，活动充分，营养齐全等。如果他们再注意讲究卫生，身体会更加健壮。

孩子的抵抗力比较差，容易感染各种疾病，更应注意讲究卫生。孩童期是习惯养成的重要时期，抓紧这个时期进行培养，使孩子养成良好的卫生习惯，将收到事半功倍的效果。

那么，应该怎样培养孩子良好的卫生习惯呢？

1. 教孩子养成良好的饮食习惯

教育孩子不吃不洁净的食物。地上捡的东西绝对不能随便往嘴里放，生吃瓜果一定要洗干净，最好削皮。有的孩子生吃瓜果时只在自来水龙头下把瓜果一冲就算洗过了，其实这达不到消毒杀菌的目的。应该用刷子或丝瓜瓤擦上洗涤液把瓜果刷洗干净，再冲洗两遍，然后用干净的布擦干净才能吃。

2. 培养孩子养成保持身体和服装整洁的习惯

勤理发、洗头、洗澡、剪指甲。这不仅能清洁身体，保证卫生，而且能够促进血液循环，增进健康。

看书、绘画时保持正确的姿势，即眼距离书本一尺，胸距离桌沿一拳，握笔时手指与笔尖距离一寸，不在光线太强、太弱的地方看书和绘画，不用手或脏手帕擦眼睛。

保护鼻道，不抠鼻孔，养成用鼻子呼吸的习惯。这样可以使吸入的空气在经过鼻腔时变得洁净、温暖和湿润，保护呼吸道和肺，使它们免受伤害。

不挖耳朵，不将异物塞入耳内，洗脸洗澡时不把水弄进耳内，以免损伤鼓膜，引起中耳炎，影响孩子的听力。

教孩子经常注意自己的衣服是否干净整齐，所有的扣子是否扣上了，鞋带是否系好了。还要教孩子经常洗头发，注意自己的头发是否整齐。

3. 督促孩子养成良好的盥洗习惯

常言道：饭前便后要洗手，肠道疾病不会有。睡前洗干净，睡觉也轻松。其实好处何止这些，良好的盥洗习惯会使孩子收到更多的益处。

（1）教孩子饭前便后洗手

人的双手每天要接触很多东西，最易沾染上各种污物和细菌。据查，一只未洗净的手上有 4 万 ~ 40 万个细菌，1 克重的指甲垢里藏的细菌和虫卵就有38亿之多。所以父母一定要使孩子养成饭前、便后和手脏时及时洗手的习惯。

父母应耐心地告诉孩子为什么饭前便后要洗手："因为手上摸了许多脏东西，在吃饭前不洗干净，吃进肚子里就会生病，肚子就会长出虫子来。"孩子很容易明白这样的道理，会愉快地去洗手。但孩子往往几天新鲜，坚持不了多久，在这个时候父母一定要提醒孩子。父母的表率作用对孩子也有着很大影响，只要持之以恒，孩子就会养成良好的洗手习惯。

父母要为孩子准备好肥皂、擦手毛巾，放在孩子自己容易取拿的地方，要让孩子用流动水洗手，这样符合卫生要求。父母还要提醒孩子，掌心手背都要洗干净，并教给孩子正确的洗手方法。往往通过父母的一次示范动作，孩子就能心领神会，很快学会自己洗手了。

（2）早晚刷牙、洗脸，饭后漱口

父母要让孩子养成早晚刷牙、洗脸，饭后漱口的习惯。

刷牙的目的是把残留在牙缝和口腔里的食物刷干净，起到保护牙齿和口腔清洁的作用。如果不刷牙或不会正确地刷牙，口腔里残留的食物就要变质，细菌就会很快地繁殖，不断地侵蚀牙齿，还会引起口臭和牙痛。为了保护口腔清洁卫生，预防牙病，就要养成天天睡前刷牙的卫生习惯。

有些家长认为孩子的乳牙早晚要换，不必注意对它的保护，这是错误的。如果不注意保护乳牙，一旦它被龋坏，将影响对食物的消化与吸收，不利于孩子的生长发育。乳牙被龋蚀还会影响恒牙的生长发育。

要教孩子采用正确的刷牙方法，即竖刷法。刷上牙时要从上往下刷，刷下牙时要从下往上刷，里里外外都要刷干净，保证每个牙面都刷到。刷后用清水漱口，千万不要左右横刷牙齿，因为横着刷不但刷不干净牙齿，还容易磨损牙齿和牙床，破坏牙齿表面的保护层——釉，容易使牙龈出血，患牙周炎等疾病。

孩子的自觉性、坚持性比较差，一两次的早晚刷牙并不能形成习惯，所以父母特别要注意督促提醒，才能使孩子刷牙的良好习惯不断被强化，并逐渐变成自觉的行动。

（3）洗脚

睡前用温水洗脚能迅速消除疲劳，促进血液循环，使脚部肌肉松弛，感觉舒服，易于入睡。先卷好裤腿，把脚放到水里泡一会儿，用手擦肥皂搓洗脚面、脚跟和小腿，然后用清水冲洗，再用毛巾擦干。

只要父母有耐心，孩子会自然地养成良好盥洗的习惯。

4. 教育孩子养成保持周围环境整洁的好习惯

不乱扔果皮、纸屑，不随地吐痰和擤鼻涕，不随地大小便。这对保障人们身体健康有重要意义。据化验，马路上 20% 的痰都带病菌，结核病人的一口痰里就大约有四五千个结核菌，这些带病菌的痰干了以后，会随风到处飞扬，污染空气，危害人们的健康。因此，从孩子到大人都要养成不随地吐痰的良好习惯。另外人在患病时咽喉和鼻腔里往往有大量的病菌，打喷嚏时很容易将病菌喷出来，所以应该教孩子在咳嗽或打喷嚏时用手帕捂住口鼻。

不乱涂墙壁，不踩桌椅。不仅在家里要做到这点，而且在公园、电影院、公共汽车站等公共场所也要做到。

培养良好的生活卫生习惯是件平凡而细致的工作，要持之以恒地要求孩子。通常运用示范、讲解、提示、练习等方法，给孩子以具体的指导和帮助。当孩子还不会做某件事情时，我们就要向孩子示范并伴随着讲解，教给他们如何做。如果孩子已经会做这些事情，只是还没有完全形成习惯，那么大人就需提醒他们，从而帮助孩子完成这些他们应该做的事情，并逐渐养成习惯。

培养孩子爱劳动的好习惯

父母箴言

热爱劳动是一个人在体格、智慧和道德上臻于完善的源泉。不要一味地觉得孩子还小，没有什么可以让他做的。国内外专家们都认为，劳动观念必须让孩子从小就养成，要让孩子在家庭的日常生活中，承担一些在他能力范围内的家务。

“劳动最光荣”，这句话一点都不假，劳动是人类生存的基础和手段，也是人类高级于其他动物的特点之一。父母要知道，即使是一个2岁大的小孩子，也要让他懂得收拾自己的玩具和睡衣之类的东西。当孩子逐渐地长大，他就会成为一个有能力独自做大部分家务活的帮手。如果父母过分地宽容孩子、宠爱孩子，什么事情都舍不得让孩子做，这样对孩子一点好处都没有，只会把孩子变成一个懒惰、依赖性强的人，这对孩子的人生有着非常大的危害。

如果父母想让孩子健康成长，就让他们从劳动开始吧。其实，孩子天生就是喜欢劳动的，当他们在四五岁的时候就已经表现出来了，这时候的孩子很喜欢帮助父母干活，可是父母却总是把孩子的好意看成是“捣乱”。就这样，孩子的劳动热情被父母扼杀在摇篮里。到孩子十岁左右的时候，就会出现明显的懒惰现象。当孩子进入学校之后，一些父母只想到要让孩子好好学习，于是，又将劳动和孩子分离。他们认为，孩子要把全部的心思用到学习上，全身心地争取到优秀的成绩，他们不准许劳动来扰乱孩子的学习。而这样的结果，只会让孩子形成一种孤僻的性格，机械式地为父母“提高学习产量”而马不停蹄。

有些父母则从小就对孩子进行劳动教育，不但让孩子养成了热爱劳动的习惯，而且不管遇到什么事情，这些受过劳动教育的孩子都会尽自己的全力去完成，无论是在劳动方面，还是在学习方面，他们都有一种自觉的心理和一种责任感，而且在做事情的时候根本不需要任何人去监督和督促。在劳动中可以培养孩子乐观向上的性格，也可以让孩子感到劳动成果所带来的喜悦和自豪，让孩子在学习上也会感到轻松和简单，这样，孩子的成绩当然就会进步得很快。所以，想让孩子可以轻松地走过受教育阶段的父母们赶快开始行动吧，让你的孩子从小就成为一个劳动高手。

怎样让孩子养成热爱劳动的习惯呢？

1. 从做家务开始

现在的绝大多数家庭中的家务没有科学安排，差不多都是由父母来做的。但是，如果想让孩子热爱劳动，就要从做家务开始，这虽然是一件小事情，但是却绝对不可以忽略。父母要让孩子从小就具备做家务的习惯和能力，应该让孩子把家务看成是生活中很自然的内容之一。其实，对于孩子来说，常常做家务除了可以培养孩子热爱劳动的习惯之外，还可以使孩子养成务实的良好品格，培养孩子做事情的能力和集体精神。父母什么家务都不让孩子做，这看起来好像是父母对孩子的一种“爱”，可就是这种“爱”在无形中抑制了对孩子许多良好习惯的培养。所以，父母一定要舍得让孩子参加家务劳动，帮助孩子成为有责任感和热爱劳动的人。

2. 多称赞，少批评

对于孩子来说，称赞是最好的一种鼓励方式。所以，父母要经常对孩子说一些称赞的话，或是感谢的话。比如，父母可以感谢孩子的劳动为自己提供了很大的帮助，或是夸赞孩子是多么的聪明能干。这些称赞的语言会让孩子有一种成就感，也会调动孩子参与劳动的积极性。让孩子参加家务劳动，是让孩子学习的一个过程，也可以让孩子从中得到锻炼。然而在这个过程中，失败是在所难免的，当孩子做家务遇到失败时，父母千万不要对孩子进行指责，而是要和蔼地告诉孩子，没有谁可以不经历失败就直接拥有成功，只要能从失败中吸取教训，就会有从头再来的机会。

最重要的一点是，父母可以口头称赞孩子，但是要尽量避免用金钱作为奖励。因为做家务是每个家庭成员所应尽的义务。

3. 针对孩子的兴趣

想要培养孩子的某种习惯就要让孩子对其产生兴趣，这样就会达到事半功倍的效果。一般的孩子都喜欢家里来客人，父母就可以让孩子准备一些接待客人所用的一些用品，还可以让孩子来招待客人。让孩子做一些他喜欢的事情，可以调动他体内的积极因子，让他自动地去做事，这样慢慢地就会让他养成热爱劳动的习惯。

4. 增强孩子的责任感

责任感是让一个人自动去做事的驱动力，通过做家务会让孩子体谅到父母的辛苦，也就会逐渐承担一些家庭里的责任，这样就会提高孩子的责任感，也培养了孩子的良好品质。当孩子在父母的谆谆教导下渐渐地养成了热爱劳动的习惯，当孩子感受到自己的劳动所带来的快乐、自己的行为所产生的正面影响时，他们就会更加努力、自信地承担起自己负责的劳动。

5. 让孩子有实践的机会

对孩子进行劳动教育，不能只限于口头，而应该通过劳动实践来进行，多给孩子劳动的机会。如果父母在平常没有让孩子参加具体的劳动，那么，孩子是不太可能爱好劳动的。其实孩子具有很强的模仿能力，然而却被许多父母给剥夺了。比如，当他们看到妈妈在洗衣服时，他也会要求洗；看到爸爸在修电视，他也会在一旁跃跃欲试。当遇到这种情况时，父母一定不要拒绝孩子，这个时候正是父母教育引导的好机会，给予孩子适当的肯定不仅可以保存孩子的劳动热情、培养孩子的创造能力，而且可以培养孩子热爱劳动的习惯。

教育孩子要勤俭节约

父母箴言

节俭是一种美德。它不仅能使我们家庭富裕、温馨，还能培养孩子艰苦创业的精神和奋发向上的品质。

某小学开学伊始组织了一次特殊的展览。“展品”都是该校学生们丢弃的文具，包括橡皮、小刀、直尺、胶棒、圆珠笔、涂改液等，堆得像小山一样。重要的是，这些文具几乎还都能用。

尚能使用的文具为何无人认领？很大程度上是因为孩子们还没有珍惜自己物品的意识，还没有养成良好的节约习惯。

在这一代孩子的铅笔盒里装满了幸福，而这幸福来得太容易。父母们都觉得自己当年没条件，而现在有条件了，再苦不能苦孩子，再穷不能穷学习。于是孩子学习上要什么给什么，缺什么买什么。这就导致孩子不拿这些小东西当回事。

节俭是一种美德。它不仅能使我们家庭富裕、温馨，还能培养孩子艰苦创业的精神和奋发向上的品质。很难设想，一个挥金如土、贪图享受的“小少爷”或“大小姐”，将来能成为艰苦创业的栋梁之材。

关于节俭，有这样一个故事。

有一个人从一无所有变成了全城最富有的人，许多人就去找他询问致富的方法。富翁说：“假如你有一个篮子，每天早晨在篮子里放进 10 个鸡蛋，每天晚上再从篮子里拿出 9 个鸡蛋，最后将会出现什么情况呢？”

“总有一天，篮子会满起来，”有人回答，“因为每天放进篮子里的鸡蛋比拿出来的多一个。”

富翁笑着说：“致富的原则就是在你放进钱包里的10个硬币中，最多只能用掉9个。”

这个故事要说的是：除非养成节俭的习惯，否则你永远不会积聚财富。一元钱对你来说可能微不足道，但是它却是财富得以生长的种子。如果一个人能够节俭地利用自己的收入，尽量减少开支，不支付不必要的消费，那么几乎所有人都能够自给自足。

但不幸的是，这却是世界上最困难的一件事情。许多人甘愿艰苦地工作，但是能够做到生活节俭，量入为出的人却非常少。那些把辛苦工作赚来的钱立刻就花掉的人，他们的收入没有多久就会被吃喝一空，他们从不拿出一小部分作为积蓄，以备在疾病或者失业等紧急情况下使用。所以在金融危机来临的时候，他们陷入了困境，甚至要破产。这些从来不为将来准备的人不会比一个乞丐过得更富足。

在培养孩子节俭的习惯上，父母们完全可以从一些小事做起。

我们不妨就以孩子常用的作业本来说。

鹏鹏上五年级了。平时他的作业本未用完就急着换新的。看着一本本未用完的本子，妈妈很心疼，多次提醒他，但收效甚微。

放假前，妈妈让他把未用完的作业本整理一下，清点出来。清点完了，妈妈问：“一共有多少页没用的。”

答：“96页。”

“能订几个本子。”

“每本 30 页，可以订三本。”

“如果我今天不让你清点，你就把这些当废纸扔了吧?”鹏鹏低下了头。

妈妈又说：“一两张纸，看起来不起眼，但积少成多，不用了，就是浪费。你平时最爱看书，你也知道造纸是多么不容易！但你却毫不心疼地把一本本没用完的本子丢掉，这不是几角钱的问题，这样长期下去，你就会养成大手大脚、不注意节约的坏习惯。节俭，可是做人的美德啊！”

节俭其实就是一种理财教育，因为节俭就是一种理财观。只是有许多父母刻意避免在孩子面前提到“钱”字，生怕过早让孩子接触金钱而形成对金钱的错误认识。

而在美国，对孩子的理财教育从三岁就已经开始；在英国，政府决定在小学就开始设置理财教育课，并随着年龄的增长开设不同的理财教育内容，让孩子从小就正确地对待金钱和使用金钱，并学会初步的理财知识和技能。

现代消费市场上，琳琅满目的商品不断更新换代，它们不仅吸引着成年人的目光，对喜欢追求时尚的青少年来说，也是一种极大的诱惑。

然而，生活在比利时的孩子们，却从八九岁起就懂得了如何“精打细算”地支配自己有限的零花钱。在比利时，常常能听到孩子们说“我还没有攒够钱，不能买自己喜欢的东西”“我的钱要等到商品降价时才能用”之类的话，因为他们知道，父母在给零花钱方面是绝不会迁就他们的。在比利时父母眼中，零花钱是孩子们初学理财的工具，而不是提供单纯的物质享受条件。

翻开比利时孩子们的德育课本，你很难在里面找到专门教育孩子要节俭的话语或经典故事，因为学校和父母们更注重从生活道理上对孩子言传身教。

在比利时，通常从 8 岁开始，孩子们每周就能从父母那里得到零花钱了，但金额不多，多是几枚硬币。孩子们要想买到自己喜欢的东西，必须一点一滴地慢慢积攒。虽然每个家庭给孩子零花钱的标准不一，但父母们培养孩子节俭意识的原则是一致的，即不会给孩子额外的“补贴”，他们必须有计划地支配自己的零花钱。当然，如果孩子攒的钱还不够，而他又确实想尽快买到自己想要的东西时，可以先向父母借，然后再用以后的零花钱慢慢偿还。这种办法能让孩子体验到满足消费欲所要付出的代价，从而帮助他们节制消费欲，避免任性消费。

布里吉是五个孩子的母亲，其中三个孩子用慢慢攒钱的方法买了手机，目前还有一个孩子正在攒钱，准备在 3 ~ 5 年后买一台电脑；还有一个孩子用向父母借钱的方法买下了自己喜欢的一张游戏碟，但后来三个月的零花钱也被陆续扣掉了。这张碟对孩子来说得来不易，他付出的是三个月没有零花钱的“代价”，学到的却是在消费面前应有的谨慎和思考。

对孩子来说，从小养成节俭意识既是一种美德，又是一种生活能力。父母的消费方式和行为对孩子起着潜移默化的作用。在这方面，父母们应谨慎行事。在花钱之前，应先制订一个消费计划，告诉孩子哪些该花、该怎么花。

同样，父母在给孩子零花钱时也应建议他们存一部分，并帮他们制订一个有计划的消费“目标”。这样，孩子们在买东西前就会再三权衡自己最需要什么，由此学会选择并意识到自己不可能拥有所有喜欢的东西。

心理学家认为，父母要根据家庭的实际情况制定零花钱标准，尤其应该符合孩子的实际需要，不能一味地张口就给，更不该给孩子买大量礼物、品牌服装和时尚用品。因为钱来得太容易对孩子们来说并不是件好事，它不仅会造成孩子自命不凡和不合群的性格，还会使他们缺乏自立能力和吃苦耐劳的精神，给他们将来的生活带来不利影响。

为了培养孩子节俭的习惯，建议父母们从以下几点做起。

1. 教育孩子正确认识金钱的含义

要让孩子从小懂得钱是什么，钱是怎么来的和怎样正确地对待钱财。

2. 教孩子学会花钱

孩子的消费行为是由被动逐步走向主动的，从小学低年级开始就应该教孩子买东西，如何用钱，如何选择物有所值的物品。教孩子把钱保管好，防止丢失、被窃。让孩子养成先认真思考再花钱的习惯，避免盲目消费。让孩子“一日当家”、记收支账，是教孩子学会理财、培养节俭品质的好方法。

3. 教孩子学会积累

孩子手里的零用钱、压岁钱应该有计划地使用，适当积累。让孩子在存钱、用钱的过程中养成节俭的好品质。

4. 教孩子懂得量入为出

要让孩子明白，花钱必须有经济来源，花钱要看支付能力如何。即使家庭经济富裕，也要坚持前面提到的三条标准。

5. 教育孩子珍惜物品，不浪费

让孩子懂得所吃、所穿、所用皆来之不易，随意浪费是不珍惜劳动果实、不尊重劳动的表现。让孩子经常参加劳动，体会劳动的艰辛。

第二章

培育孩子良好的学习习惯

给孩子一个独立思考的空间

父母箴言

父母不能因为孩子小，需要成人照顾而把他看成是成人的附属品。孩子也是一个完整、独立的个体，应该允许他们有自己的世界，有自己独立思考的空间。

思考好比播种，行动好比果实，勤于播种，才能收获多多。只有善于独立思考的孩子，才能享受到积极动脑带来的丰收喜悦，最终品尝到成功的琼浆玉液。

伟大的物理学家爱因斯坦说：“学会独立思考和独立判断比获得知识更重要。不下决心培养思考习惯的人，便失去了生活的最大乐趣。”

有的父母把一切事情都安排得十分妥善周到，从来就没有什么事需要孩子自己去考虑，时间长了，孩子独立思考的能力就被扼杀得差不多了，更谈不上解决问题的能力了。父母要培养孩子独立思考的习惯，就必须给孩子创造一个思考的空间。

物理学家霍金曾讲过他自己大学期间的一件事。有一位老师口才极佳，课堂上旁征博引。但可惜的是，他讲得太深奥了，很多东西已超出当时同学们的接受能力。有同学抱怨说，自己一堂课能听懂一半就不错了，那位老师听说后，微微一笑道："如果我所讲的你们都明白，那我还上这堂课干什么呢？你们想让自己的大脑干些什么呢？"霍金深受启发。

只会被动接受而缺乏创造性思维是与当代素质教育的精神相背的。父母应该提醒孩子注意：在课堂学习中，老师所讲的、所灌输进他们大脑里的东西，永远都不是他们自己的东西，只有当他们主动思考、主动探索，把这些东西转化为自己的东西时，才算真正弄懂弄通了它们，并且在孩子独立思考的过程中，也定会"无心插柳柳成荫"，得到额外收获，达到举一反三的效果。

这时，孩子就会有成就感、自信心，进而激活自己的思维。如此这般，才会做到良性循环。

获得知识的多少，取决于孩子根据自身经验与自我分析去获取有关知识的能力，而并非取决于其记忆和背诵教师讲授的内容以及书本上传递的内容的能力。

以教师为主体，强调"教"的传统教学方式，随着教学改革的深入，已渐渐让位于以学生为主体，强调"学"的教学方式。一味被动接受的学生很难适应当前社会对素质人才的要求。

永远不要怀疑主动思考问题的“意义”。相信自己的思维能力，相信“尽信书，不如无书”。在审查中考试卷时，专家们发现了一件很有意思的事情。试卷中现代文阅读历来包括课内课文阅读与课外选文阅读。可老师讲过的课文阅读的得分率远远低于课外选文阅读的得分率，有时竟相差 20 个百分点。

通过向学生调查得知，他们做课内课文阅读时，绞尽脑汁地回想老师当时是怎么讲的，而无法展开自已的思考；而做课外选文阅读时，他们无所顾忌，放胆发挥。原来，被动接受只会为成功关上大门，而独立思考则会开启另一扇成功之窗。

我们一起来看看张肇牧的故事。

肇牧十分喜欢做实验性的游戏，当听爸爸妈妈说要做有趣的实验游戏时，他非常高兴。与往常一样，由爸爸说，他动手。

“肇牧，从你的玩具中，找出两个同样大的杯子，一个比杯子大的碗或者锅都行。”

肇牧将三样东西拿来了。“爸爸，你看行吗？”

爸爸满意地说：“行。你用锅装些水来，并且将水分别倒进两个杯子，要求两个杯子的水要一样多。”肇收按示意进行。

然后爸爸问他：“你看两个杯子的水，是不是一样多呀？”

肇牧左看看右瞧瞧，说：“啊，是一样多。”

“你将一个杯子的水倒进锅里，你再看看，是锅里的水多，还是杯子的水多？”

谁知肇牧不假思索地给了爸爸满意的答复：“一样多。”

“为什么？你看锅里的水这么少，杯子的水那么多，怎么是一样多呢？”

肇牧从容地说:“爸爸你看，这是两个同样大的杯子，我倒进的是同样多的水，然后再把这个杯子里装的同样多的水倒进锅里，因为锅比杯子大，所以看起来锅里水像少些，其实它们一样多。”

谁能相信，这是一个年仅四岁的孩子能对液体容量守恒定律有如此肯定的回答，而且思维清晰，语言表达准确、完整。

上小学二年级的时候，数学课上开始学习直式运算。别的学生都能按老师的要求，从低位向高位运算，而肇牧却别出心裁地从高位到低位进行逆向运算。老师指出后，他竟一意孤行。爸爸妈妈问他时，他振振有词地说:“从左边算到右边是我想出来的窍门。”

听他这么一说，爸爸妈妈意识到肇牧虽然违背了运算规律，却透露出一种萌芽状态的独创精神。

于是，爸爸妈妈在对他的“找窍门”给予充分肯定之后，循循善诱地告诉他，对自己周围的事物要多方位观察，对思维结果还需验证，验证的标准就是看它的实际效果。然后，爸爸妈妈与他一起分析逆向运算的弊端。最后，他口服心服地忍痛割“爱”了。正是由于举一反三的独立思考能力，培养了小肇牧的思维、判断和推理能力。

那么，父母如何培养孩子养成独立思考的习惯呢？我们给父母们提供了如下几点建议。

1. 留给孩子自己思考的余地

在与孩子相处或交谈中，父母要给孩子提出自己想法的机会。父母应经常以商量的口气与孩子进行讨论式的协商，留给孩子自己思考的余地。父母可根据交谈内容经常发问，如："这两者有什么关系""你觉得怎么做会更好""你的想法有什么根据"等问题，以引起孩子的思考。

2. 给孩子创造一个独立思考的氛围

这对孩子形成独特的个性，表现有创新意识的思维、举动很重要。父母不能因为孩子小，需要成人照顾而把他看成是成人的附属品。孩子也是一个完整、独立的个体，应该允许他有自己的世界，有自己的空间。

有句话说"什么样的父母教出什么样的子女"。因此，在父母努力启发孩子创造力的同时，不要忘了培养自己的创造力，使自己成为能欣赏孩子创造力，并能与孩子创造力互动的主力。因此，不必在孩子与孩子间制造竞争压力，也不必为了培育创造力，将家庭生活弄得紧张、沉重；更不必一反常态，变成严肃又过分认真的父母。

真正成功的创造力培养者，是能与孩子一起学习、一起成长的。他们能像挚友般倾听孩子的心声，了解孩子的举止；他们知道何时给孩子掌声，何时应扶持孩子一把，他们没有命令，孩子没有压力。

3. 培养孩子创造性思考的能力

鼓励孩子凡事多问几个为什么。父母要不厌其烦地给予正确回答。对孩子的提问努力表现出兴趣，与孩子一起去思考，去寻求未知的答案，孩子提出问题的欲望就会不断增强。

不要阻止孩子探索性的行为活动。如孩子为了看个究竟，拆卸了玩具和物品，大人不要生气、谴责。

倾听孩子有意义的“瞎说”，允许孩子有“稀奇古怪”的想法。如遇到交通堵塞的时候，孩子向父母描述他要造一种带翅膀的汽车，如何在天上飞过去时，父母也可在旁边“添油加醋”。

提高孩子的学习效率

父母箴言

很多孩子每天都在为大堆大堆的作业而头痛。如果学习效率不高，那就更糟了。整天都在应付作业，玩的时间被挤掉了，生活和学习就会变得劳累无趣。所以，在提倡给孩子“减负”的同时，父母也应注意培养孩子高效率学习的习惯。

孩子们学习成绩的好坏，差别并不在于学习时间的长短，而在于学习效率的高低。作业拖沓，学习效率不高，反映的不仅是一个孩子的性格问题，更重要的是孩子对学习的态度问题。没有积极主动的学习态度，是不可能有高效率的学习效果的。

很多孩子都为每天大堆大堆的作业感到头痛。如果作业拖沓，那就更糟了。整天都在应付作业，玩的时间被挤掉了，生活、学习变得十分劳累。所以，在提倡给孩子“减负”的同时，父母也应注意培养孩子高效率学习的习惯。

学习的目的是掌握和熟练运用知识，一切学习方法都是为这个目的服务的。从这个角度衡量，现有的课堂教学方式并不是效率最高的做法。

其中很明显的一个原因是，孩子和老师的感情联系，通常不像和父母那样强烈。孩子在课堂上的注意力，也不会像在家里那么集中。这就说明，由父母进行亲子教学，在效率上要比孩子上课听讲更高。

学习的另一个目的，是让孩子掌握自学的能力。从自学的角度衡量，以大多数孩子的理解能力和智力水平，完全可以自行阅读教科书和参考书。而且这是一个连贯的思维过程，是一种智力上的探索，不会被外界因素所干扰。与课堂教学相比，效果只会更好，效率只会更高。

琳琳的暑假作业中，出现了正方体和长方体方面的题目，这是六年级的内容，妈妈为了激发她的学习兴趣，先卖了个关子，对她说："等六年级再说吧，其实20分钟就能学会。"孩子一听，兴趣来了，说："妈妈，你不是说笨鸟先飞吗？就让我当一回笨鸟吧。"

就这样，妈妈和琳琳一起分析长方体的表面积，琳琳自己很快就总结出了定理。妈妈再把参考书翻开，上面明确说这一段需要5个课时，而她们只花了几分钟，而且琳琳总结出的东西，与书中仅有个别文字上的差异。这使琳琳大受鼓舞。

能像这位妈妈那样，引导孩子在轻松、愉快中学习，只要能长期坚持下去，奇迹终究会出现。这个例子恰恰证实了自学和亲子教育在提高孩子学习效率方面有着怎样强大的威力。

父母在明确孩子学习效率方面的基础上，还应认真分析造成孩子学习效率不高的原因在哪里。通常情况下，造成孩子学习效率不高的原因大致有以下几种：性子慢，做什么都快不起来；学习时精力不集中，边写边玩；对学习缺乏兴趣，做作业的积极性不高。

第一种情况很复杂，且不好解决，必要时需找心理医生给予治疗。后面两种情况，父母则完全可以通过以下这些方法对孩子进行教育和帮助，让孩子改掉坏习惯。

1. 从生活中的事情入手

一般来说，做作业慢、学习效率不高的孩子，其他活动也较慢。因此，应该从各方面来提高速度。首先可从穿衣吃饭做起。晚上睡觉前，将衣服按次序放在顺手的地方，早晨起床穿衣时可节省时间，还能使穿衣服的速度加快。吃饭时不要过多说话，也不要边吃边看电视。平时做事情时，不断对自己说："再快一点，好吗?"长期坚持，就能养成良好的习惯。

2. 教孩子做作业要定时定量

如果以前孩子做五道数学题要用20分钟。那么，教孩子从现在起，努力做到完成同样的作业量只用18分钟。开始时，不要把目标定得太高，循序渐进，慢慢提高。这样做也可以培养学习兴趣，提高做作业的积极性。

3. 教孩子养成专心致志的习惯

教孩子开始做作业前，要把书桌整理好，把没用的东西放过去，把有用的书本和文具放在伸手拿得到的地方。一旦开始做作业，就要平心静气，专心致志，尽力排除一切干扰和杂念。

4. 亲自给孩子讲解

对于那些孩子不易掌握、容易错的内容，父母可以先自学一遍，再给孩子讲解。这既可以加深孩子的理解，又能帮助父母掌握孩子的情况，还能在双方的讨论中，促使新知识和老知识融会贯通在一起。

5. 与孩子并肩作战

一次“卡壳”，不仅当时会耽误孩子的时间，事后也会降低孩子的信心和学习效率。当孩子挠头的时候，父母应该立刻过去，陪他一起分析和解决问题。这能增强孩子战胜困难的信心，提高学习效率。

6. 培养孩子的自学能力

父母应该鼓励孩子自学，对于难以理解的知识，通过工具书和网络来查找相关资料。自学能使孩子越学越爱学，而且效率更高，知识掌握得更全面，并且相关知识都能连成一个有机整体。

7. 帮孩子树立远大目标

父母可以经常和孩子谈论未来，帮孩子找到自己的长远目标，这就能让孩子真正懂得今天的学习是为了什么，从而增强上进心，提高学习效率。

8. 效率是为了轻松

父母应该跟孩子说明，提高效率会让学习变得更轻松，效果会更好。这能改变孩子的习惯想法，不再认为学习就应该是苦差事，从而消除抵触情绪，提高效率。

9. 从学习中寻找乐趣

乐趣会让学习的效率更高，所以，可以让孩子从学习中寻找乐趣。这样，孩子就会注意到原来没有发现的有趣之处，对知识会记得更牢。

10. 给孩子精神奖励

每次做作业，孩子速度有所提高，就要表扬孩子。让孩子清楚地看到自己的进步，起到自我鼓励的作用。

培养孩子珍惜时间的好习惯

父母箴言

父母要注意观察孩子平时是怎样利用时间的，表扬其合理利用时间，批评其浪费时间，并给孩子提出合理安排时间的建议。例如，一个星期看几次电视，读几篇文学作品，以及每天晚上先做作业还是先整理自己的房间，使孩子体验巧用时间之妙。

爱因斯坦说过：“人的差异产生在业余时间。”达尔文也说过：“我从来不认为半小时是我微不足道的很小的一段时间。”从这两句话里，我们可以看出伟人们往往都是运用时间的能手，也能看出他们是多么重视时间，珍惜时间。

惜时是成功的秘诀。有的孩子平时做作业磨磨蹭蹭，边做边玩边听音乐，一个小时就能做完的作业结果做了三个小时还没做完。这很容易使孩子养成动作慢、注意力不集中的坏习惯，浪费时间和精力。

“一寸光阴一寸金，寸金难买寸光阴”，从小培养孩子的时间意识，使孩子懂得珍惜时间，学会管理时间，成为时间的真正主人，对孩子的成长可谓大有裨益。作为父母应该重视培养孩子安排时间和运用时间的能力。

教育孩子珍惜时间不是一件容易的事。因为年幼的孩子还不能真正理解时间是怎么回事，更不懂得生命对于自己只能有一次。一般要到少年期，抽象思维比较发达，自我意识逐渐成熟时，孩子才能逐渐明白时间的无限性和人的生命的有限性。但是我们不能消极地等孩子到了少年期才对其进行惜时教育，而必须从小就培养孩子珍惜时间的好习惯。因为“开窍”表面看来是突然发生的，其实对生命的热爱，对效率的体会，对无限和有限的理解，都有一个量变到质变的过程，没有早期的充分准备，就不会有“开窍”的到来；何况爱惜时间还有一个养成习惯的问题，习惯的养成并不是和理解、认识的程度完全相对应的。

我们建议父母培养孩子珍惜时间的好习惯从以下几个方面做起。

1. 教育孩子树立时间观念，增强时间意识

父母要教育孩子充分利用每一分钟，要让他懂得讲究效率，时间会相对变长，而不讲效率，时间则会相对地变短的道理。

有的事情是硬任务，必须在某个时间内完成，父母甚至可以建议孩子采取“倒计时”的方法来安排时间。例如，在一个月内必须完成的事情，算算还有多少天，自己就要规定每一天要及时补上。如果不能按时完成，错过了机会，就会前功尽弃，十分可惜。

父母还可以用别人珍惜时间的事例来教育孩子，从而使孩子认识到时间的价值。

例如，爱迪生为人类做出了一万多项发明，他为了做实验，甚至在新婚之夜忘记了新娘和前来祝贺的客人。

又如，居里夫人为了节约时间，每天只在实验室里啃几片面包。鲁迅先生更是惜时如命，他把随意占用浪费他人时间的行为视为“谋财害命”……通过这些事例，孩子就会逐步认识到珍惜时间的重要性，逐步树立时间观念，增强时间意识，从而在学习、生活中养成珍惜时间的习惯。

2. 教育孩子学会集中精力做事

有的孩子，做事情时三心二意，甚至边玩边做，这是最浪费时间的。父母应教育孩子明白，做事就做事，玩就是玩，而且事情要一件一件地做，不可一心二用，为此，父母要指导孩子养成做事有头有尾、善始善终的习惯。比如打扫卫生，就要在规定的时间内把房间里的每件东西都摆放在合适的位置。然后清扫地面、擦抹桌凳，也不能忘记倒掉垃圾。房间没清扫完毕，不能停下来玩耍或做别的事情。

一件事情做好了，父母要对孩子进行表扬，强化他的行为习惯；如果没做好，就要批评或让他重做。至于由于孩子效率提高，提前完成任务而节约下来的时间，则应由孩子自己去支配，以示“奖励”。

居里夫人就是这样对待孩子的。布置任务时她总是告诉女儿：“干完了你随便玩。”这样，不但有利于调动孩子完成任务的积极性，而且有利于培养孩子在规定时间内集中精力做好一件事的习惯。

3. 让孩子意识到浪费时间是要吃苦头的

现在很多孩子做事磨蹭拖拉，不珍惜时间，这些毛病与父母的娇惯有很大的关系。例如，爱睡懒觉的孩子大多是作息时间安排不合理，早晨叫一遍不醒，叫两遍不起，最后实在没办法了才起来，但一看表，时间已经不早了，于是家长急忙帮着穿衣，准备书包，甚至连早饭都来不及吃就上学去了。实际上，家长这样做，非但不利于培养孩子的时间观念，反而会助长孩子依赖家长的懒惰习惯。

其实，家长可以这样实验一下：在孩子的床头放一个小闹钟，并向孩子申明："以后爸爸妈妈不再来催你起床了，早晨闹钟响，就自己起床。假如起床晚了，就没有时间吃早饭；假如拖拉的时间多了，就会上学迟到，就会受到老师的批评。"如果孩子能按父母的要求做，那么，他就会逐步养成按时起床的习惯；否则，就会因睡懒觉，不按时起床而受到"惩罚"——吃不上早饭、迟到、受批评。一旦孩子品尝到耽误时间的苦果，心里自然会不舒服，自然会吸取教训，今后重犯的可能性就少了。

这种教育方法被教育专家称作"自然后果惩罚"法。当然，在特殊情况下，如考试或有重要活动时，家长还应该帮助孩子，除用闹钟外，再及时催促孩子按时起床。

4. 帮助孩子学会合理安排时间

父母要注意观察孩子平时是怎样利用时间的，表扬其合理利用时间，批评其浪费时间，并给孩子提出合理安排时间的建议。如一个星期看几次电视，读几篇文学作品，以及每天晚上先做作业还是先整理自己的房间，使孩子体验巧用时间之妙。

说到巧妙利用时间，父母还可以从以下几个方面培养孩子。

（1）精力最充沛的时间，干最费精力、最重要的事

教孩子在脑力、体力都是最充沛的时候，选择最重要，又是最费脑力和体力的事情；体力差时，做些费脑力的事情，脑子疲

劳时，选择专用体力的活，这时反而能使脑子得到休息。

（2）用整块时间干大事，打歼灭战

有些事情，最好是用一整块时间，一气呵成，才能干出个结果。比如计算一道复杂的数学题，每天想一会儿，又去做别的事，第二天又得从头开始想，因为昨天的思路已经忘记了。遇到类似的事情，告诉孩子，只有集中时间，专心致志，打个歼灭战，往往会得到事半功倍的效果。

（3）专门抽出时间，整批解决零散问题

对一些零散的小问题，急于拿出时间去完成，往往容易打乱别的事情，但是如果总是不做，也会误事。解决的办法是来个零存整取，把零散的问题留下来，专门有一个时间，来整批解决这些零散问题，来个快刀斩乱麻。

父母们值得注意的是，培养孩子珍惜时间的好习惯，并不是要孩子牺牲必需的休息时间让孩子去学习，而是尽量让孩子做到不浪费时间、不虚度光阴。有时，我们还必须告诉孩子：为了明天做事有效，今晚要睡个好觉。

有很多事情，根本不是一口气就能做完的，它往往需要孩子艰苦奋斗很长时间，在这种情况下，就要提醒孩子，不要犯性子急的毛病。为了明天做事更有效，今晚就要睡好觉，以饱满的精神迎接第二天。

当然，父母可以帮助孩子制定一个合理的作息时间表，要求孩子按作息时间表学习、生活、游戏。开始时，也许孩子不能严格遵守作息时间的规定，父母可以帮助督促他逐步适应，直到最后自觉遵守。

第三章

帮孩子播下好性格的种子

教养方式直接影响孩子性格的发展

父母箴言

人的性格虽不是一成不变的，但一旦形成也会相对地稳定下来。一般来说，3岁的孩子在性格上已有了明显的个体差异，且随着年龄的增长，性格改变的可能性越来越小。因此，孩子的性格主要取决于父母的养育方式。

世界上每个人的相貌各不相同，其性格也是千差万别。那么什么样的性格才是好性格呢？一般来说，好的性格应该包括以下几个方面。

1. 饱满的热情

一个人如果缺乏热情，那么他做任何事都不可能成功。热情，对大多数孩子来说，是与生俱来的，然而，要使其不受伤害，继续把热情保持下去，却不容易。因为热情是脆弱的，很容易被诸如考试的分数、他人的嘲笑等挫伤，甚至摧毁。因此，父母要十分注意保护孩子的热情。

心理学家认为，孩子从小无意识地受到父母态度的影响而形成的性格，儿时一般不易发现，进入青春期之后，这些影响才开始明显地显露出来，并且在以后都难以改变。

2. 充足的自信

一个人只有相信自己有能力迎接各项挑战，他才有可能成功。要做到这一点，父母首先要尽可能早地发现孩子的天资和才能，有意识地去诱导他们，鼓励他们具有成功的信心。

3. 热切的同情心

大多数孩子对有生命的动物所遭受的痛苦都是很敏感的。父母经常关心他人，自然会在孩子幼小的心灵中播下同情的种子。

4. 较强的适应能力

怎样培养孩子的适应能力呢？最好的方法是尽早用成年人的爱心和感情去对待孩子，使他们能早日成熟，避免由于过分幼稚和脆弱而经不起来自社会的各种打击。

5. 满怀希望

这种特性能使人在黑暗中看到光明，敢于迎接挑战。要想使孩子对生活充满希望，父母本身就应该是乐观主义者。如经常教育孩子：失败乃成功之母。这样，当困难真的来到时，孩子就不会畏缩不前，而会挺起坚强的脊梁，去战胜困难。

父母的教养方式是影响孩子性格发展的重要因素。曾有人将几百名4岁幼儿的家长按其“权威”和“关爱”程度分成溺爱型、忽视型、严厉型、关爱型、理智型五类。在这五种教养类型中，孩子的发展水平表明，溺爱型、忽视型家庭中长大的孩子，其各方面发展的水平都较低。在思想上接纳子女的非期望行为，行为上部分限制的关爱型父母培养下的孩子，其智力发展较快。思想、行为都部分接纳非期望行为的理智型家庭教育，则使孩子在各方面的能力都显得高人一筹。可见，较好的教养方式对孩子优良品格的形成所起的积极作用。

同时，父母常常是孩子的偶像，他们的一举一动都会成为孩子模仿的对象。生活中我们常常会发现，父母和孩子在举手投足、一颦一笑之间都有着惊人的相似之处，真像是一个模子刻出来的。这虽然说明了遗传在孩子性格形成中的特别作用，但似乎更能说明后天环境对孩子性格影响的巨大作用。

这就是不仅父母与子女之间存在奇妙的相似之处，就是同一父母所生的兄弟姐妹之间，在言谈举止中也会有或多或少的相似之处的原因。所谓“近朱者赤，近墨者黑”。现实生活中，我们也常常发现，夫妻二人感情较好，他们彼此之间会越来越相似，这与他们天天生活在一起有很大的关系。

因此，环境对性格形成的作用也是不容忽视的，因此为人父母者，还应努力为孩子营造一个良好的成长环境。

古时候孟母为了让儿子有一个良好的生活环境，不惜三次搬家。这就是“孟母三迁”的故事。孟子最终没有让母亲的苦心付诸东流，终于成为中国历史上伟大的思想家。现代人大多由于客观条件的限制，当然不可能再像孟母那样因对周围环境的不满意而频繁搬家，但父母至少可以为孩子营造一个良好的家庭环境。

孩子性格的形成与早期生活习惯有着密切的关系，这一点尚未引起人们足够的注意。常听到有的父母抱怨孩子天性胆小、娇气。殊不知，正是自己无意中错误的育儿方式造就了孩子的这种性格缺陷。培养孩子的性格品质要从小抓起，从建立良好的生活习惯着手，如饮食、睡眠、排泄安排、自理能力训练等，这些先入为主的习惯就是孩子日后的习性。

常与他人交往的孩子在处理人际关系方面有很强的能力，在人面前显得落落大方；相反，与人交往较少的孩子多会形成文静内向的性格，羞于与人交往，一说话就脸红，表情和举止极不自然。因此父母还应该注意为孩子创造一个良好的家庭环境，让孩子学会与人交往。

父母的情感态度对孩子性格的导向作用十分重要。现代父母的情感流露比以往更明显，频率和强度更高，这样会使孩子变得非常脆弱和具有依赖性，在娇宠中变得批评不得，甚至父母的声音稍高一点，孩子也会因此受惊而大哭不止，显示出脆弱的性格特征。一般情况下，娇气脆弱的孩子常缺乏足够的心理承受力，一旦受到挫折极容易出现心理障碍。

另外，如今独生子女多，父母的悉心照顾表现在各个方面，对孩子的很多事情进行包办或限制。这些过分“担心”的心理，不可避免地通过言行举止显露出来，对孩子起到暗示作用。不少父母在孩子想参加某项活动之前，总是向孩子列举种种危险，结果使孩子产生了恐惧的心理，并因此畏缩不前。年龄越小的孩子越容易接受暗示，父母的性格特点极易潜移默化地传导给孩子。

现在的父母还往往把孩子的身体健康寄托在各种食品和药品上，而不是让孩子在阳光、新鲜空气和户外运动中锻炼身体。一般来说，体弱多病与性格懦弱之间有着一定的内在联系，因为病儿会受到父母更加细心的照顾和宠爱，从而成为助长软弱性格的温床。这种保护过度的育儿方式，会使孩子的性格具有明显的惰性特征，表现为好吃懒做，缺乏靠自身能力解决问题的内在动力。

另外，恶劣的环境可能导致孩子恶劣的性格，这也就是在社会风气极度不良的情况下，容易导致青少年犯罪呈上升趋势的原因。所以专家们一再呼吁：保护未成年儿童，让孩子远离毒品、暴力、色情等一系列社会垃圾。

孩子性格的形成一方面取决于先天遗传，另一方面取决于后天生活的环境。身为父母，在注意纠正自己性格中的不足之处，并在努力为孩子营造良好的成长环境的同时，还应注意与孩子多谈心，多关心孩子，随时了解他们的所思所想，发现他们成长中的一些性格缺陷，及时给予纠正，如果等到孩子性格已经成型后再纠正就很困难了。

澳大利亚心理学者罗拉黑尔这样概述性格形成中遗传与环境的作用。

（1）在心灵与思想的一些特性上，家庭成员之间存在遗传这个事实；

（2）在许多个别的性格特质中，哪一个会得到发展，又能发展到什么程度，则由环境因素决定；

（3）若是先天已经具备非常强的性格特质，则在任何环境中都可以得到发展。

从罗拉黑尔的结论中，我们可以得到这样的启示：父母在为孩子营造成长的环境时，要注意发现孩子身上存在的特质，为孩子该特质的发掘与发展创造一个最佳的环境。

让孩子变得更坚强

父母箴言

培养孩子坚强的意志品质，尤其需要父母的榜样力量。懒懒散散，生活懈怠，做事没有信心，经常半途而废的父母，是难以培养出具有坚强意志品质的孩子的。

由于家庭条件优越，很多孩子从小不太可能经历艰难困苦。这就使他们很容易产生依赖心理，也很难养成坚强的性格。然而，孩子将来所要面对的却是复杂的社会，难免遇到挫折和困难，没有坚强的性格，是不能适应激烈的社会竞争的。

美国心理学家威蒙曾对 150 名有成就的智力优秀者做过研究，发现智力发展与三种性格品质有关：一是坚持力，即勇敢面对困难，并坚持到底；二是善于为实现目标不断积累成果；三是有自信，不自卑。可见，坚强的性格对人生十分重要。

为了培养孩子良好的心理素质，使孩子具有坚强的意志、美好的心灵、活泼开朗的个性，为造就合格人才奠定基础，父母应从小注意锻炼孩子的意志，重视孩子的自信心和勇敢精神，这是做任何事情想要获得成功的基础。受到不同教育的孩子，他们的意志力、自信心会有不同的表现，比如，有的孩子有一股韧劲儿，做什么事情都愿意亲自试一下，有点磕碰也不会哭；但也有的孩子胆小怕事，碰到生人往后躲，什么事情也不敢试一下，父母一批评就哭，生活自理能力差。

心理学家指出，性格是人对现实的稳定态度以及与之相适应的习惯性行为方式，是人格的一个重要方面。性格属于非智力因素范围，与智力因素组成心理活动的两个相互联系、相互影响的方面。坚强的性格有利于调动人的积极性、主动性和强化脑细胞活动，使智力活动呈现积极状态，从而使人在学习工作中产生异乎寻常的高效率。

在现实生活中，人的性格是多种多样的，在各种各样的性格中最优秀的性格是坚强性格，具有坚强性格的人具有坚持力、自制力，能不怕困难勇往直前，在学习生活中不断取得成功。

那么如何培养孩子坚强的性格呢？父母们不妨从以下几点做起。

1. 给孩子独立锻炼的机会

如让孩子单独活动，同生人谈话，与小朋友来往，独立完成作业等。即使有一定困难也要让孩子自己去做。因为只有让孩子经常完成具有一定难度的事情，他才能体验克服困难后成功的喜悦，从而增强自信心并变得坚强起来。

2. 要求孩子从小事做起

千里之行，始于足下。从小事做起，持之以恒，是磨炼意志的好方法。许多在事业上有成就的人，都曾通过小事情磨炼自己的意志。

著名科学家巴甫洛夫，以工作精确、细致著称。他写字十分工整，像印刷出来的一样。原来在年轻时，他就是把工工整整地书写作为自己磨炼意志的开端。

我国体育名将周晓兰，在球场上吃苦忍痛、意志坚强，也与她小时候在小事上的磨炼分不开。上小学时，她常因看电影而耽误功课，在父亲的帮助下，她从克制看电影做起，功课做不完，就把电影票退掉，再好的电影也不去看。经过一段时间，她战胜了自己，养成了很强的自制力。

正如著名文学家高尔基所说："哪怕对自己一点小的克制，都会使人变得强而有力。"因此，父母培养孩子的意志品质，要从孩子"小的克制"入手。从小事做起，只是起点。培养坚强的意志品质，要随着孩子的成长和进步，从小到大，从易到难，从低到高地磨炼孩子。当孩子能够迎接越来越大的困难挑战的时候，一个意志坚强的孩子就站在你面前了。

3. 劳其筋骨，增益其所不能

大家知道，"劳其筋骨"是磨炼意志的重要方法。适合孩子的艰难一些的劳动、体育活动，能使孩子坚强起来。长途远足、爬山、跑步、游泳、较重的劳动……可供选择的内容很多，父母要指导孩子选择，关键在于坚持。当然，其前提是避免盲目性，不能冒险，不能脱离实际。要教育孩子：明确行动的目的，选择适合的内容和方式，一旦行动，不达目的不罢休。

4. 相信和尊重孩子

试着让孩子担负一定的责任，从而培养孩子的自我要求能力和坚持力。心理学认为，让孩子担任一定角色可以使其性格向这个角色靠拢。如某幼儿园的一个幼儿个人卫生不好，当让他来检查其他小朋友的卫生后，他自己的卫生明显好转，并且在其他方面，如自尊心、责任心、协调性等方面也都有明显改善。这个例子说明孩子的性格受大人期望的影响较大，所以在日常生活中父母应把孩子当作坚强的孩子来培养。

5. 让孩子保持健康的身体

一个身体虚弱的孩子对自己的身体没有信心，心情不好，必然怕这儿怕那儿，对人对事积极不起来，性格也就很难坚强起来。相反，孩子的身体素质好，有信心，有勇气，就容易培养自信坚强的性格。

6. 培养孩子积极的良好品德

良好的品德受人喜爱和尊重，知识和智慧使人有信心。人的各种心理品质是相互影响的，培养各种积极的良好品德，都能有效地使孩子的性格变得坚强起来。

7. 要求孩子做一些力所能及的事情

如要求孩子摔了跟头不哭，打针不哭等。父母应利用孩子的好强心理，在孩子哭之前给予鼓励，如孩子真的不哭，那么就要及时强化效果。如有的孩子不愿意去幼儿园，常在送幼儿园时大哭大闹，那么父母一方面设法消除孩子去幼儿园的不适心理，另一方面应鼓励孩子说“去幼儿园不哭的孩子才是勇敢的孩子”，一旦孩子不哭了，应及时鼓励，加上适当的奖励，这样孩子就会逐渐形成坚强的性格。

8. 防止因性别差异而形成偏见

有的父母认为，男孩子玩布娃娃没出息，女孩子玩冲锋枪不应该。好像女孩子生来就应做饭带孩子，男孩子生来就应该舞枪弄棒，做大事业。成人这种偏狭的观念和做法极不利于孩子性格的健康发展。过早的女性化会损害女孩子的独立性和自信心，过早的男性化也会影响男孩的细致性和敏感性。

9. 对孩子要有耐心

有些孩子虽然一心想独立自主，凡事都坚持自己做，但实际上却往往是心有余而力不足，每件事情都无法做好，如吃饭时把桌面搞得一团糟，衣服穿得东歪西扭。有一些急性子的父母没时间等待孩子慢吞吞无秩序的自主行为，所以凡事一手包办以提高效率和节省时间，这不但会剥夺孩子自主学习的机会，同时也会使孩子形成依赖心理。因此专家们强调，父母一定要有耐心，让孩子慢慢学着自我探索成长，千万不可操之过急，凡事为孩子"代劳"，只会使孩子永远也长不大。

另外，好奇、爱发问也是幼儿最大的特点，父母在面对孩子提问时，不要急着给孩子一个标准答案，以免剥夺孩子独立思考判断的能力，最好是解释出前因后果慢慢启发诱导。

总之，在这里如此强调坚强的性格对孩子的成长的必要性并非小题大做。很多具体事例都说明，当一个复杂问题出现时需要人们果断地做出决定，对性格坚强者来说遇到问题能沉得住气冷静分析；而性格软弱者则不同，他们往往思前想后优柔寡断以致把事情办糟。坚强的性格对孩子成长非常重要，所以父母想要提高孩子的素质，就千万不能忽视这个方面。

不要伤害孩子的自尊心

父母箴言

我们大人有自尊心，孩子同样也有。很多父母往往忽略了孩子的自尊心，在很多言行上就会伤害到孩子的自尊心。孩子也需要别人的尊重，尤其需要来自父母的尊重。不管父母们怎么想，为了孩子的将来，尊重孩子都是势在必行的。

自尊心对一个人人格的影响是非常大的，可以说，培养孩子的自尊直接影响到孩子的未来。历史上那些成功人物虽然个性不一，但他们都有一个共同点：都具有强烈的自尊意识，都多少有点“士可杀，不可辱”的特点。所以，做父母的绝对不要伤害孩子的自尊心。

事实上，父母无意间伤害孩子自尊心的事经常发生。

有个孩子他天生不会唱歌，唱起歌来声音就像在敲烂沙罐。上小学二年级时，班上举行唱歌比赛，他只得在家里练唱。母亲恨铁不成钢，就烦躁地说：“你这哪里是唱歌，分明是在嚎叫！”这句无意中的评价，不但使这个孩子对练歌失去了信心，连上学都感到痛苦。

当然，这句话如果是出自他的一个同学，他虽不愿听，但他还可能同他吵，甚至回敬他一句：“我是嚎叫，你是猪叫！”但是这种话出自自己的母亲，他所信赖、尊敬和依靠的人，他就无法反驳了。因此，这种伤害可能是无法弥补的。

还有一种无意的伤害，那就是父母总认为自己的孩子不懂事，无论什么事情都替孩子做主。其中最常见情形是：同学来找孩子出去玩，母亲也不管孩子愿不愿意，就不假思索地代他说：“看书，不去。”

母亲的行为会让孩子在同学面前很没面子。孩子进入小学后，就会有自己的生活圈，有自己的朋友，自己的世界。在那个世界里，孩子在心理上认为自己是独立的，可以不受父母的控制。为了维护自己的面子，有时孩子甚至会故意不听话。母亲在孩子的朋友面前指使孩子，就等于告诉孩子的朋友你的孩子还没有独立能力。一旦同学们发现某人样样都不能做主，就不会再找他玩，不再接受他。这对孩子社会性的发展非常不利。

然而，孩子的这种心理却不易被父母理解或为父母所忽视，以致产生一些不必要的争执和伤害。这些都值得做父母的警惕与注意。

要求孩子尊重父母，是古今中外公认的道德规范。但是，要求孩子尊重父母是以父母也要尊重孩子为前提的。很多父母可能还无法接受这样的理论。父母是长辈，子女是晚辈，子女尊重父母天经地义，而且千百年来如此，却从没听说过父母有尊重子女的责任。

不管父母们怎么想，为了孩子的将来，尊重孩子都是势在必行的。一个孩子长到八九岁，就会有些独立的意志和愿望，尤其是进中学以后，他会在心理上认为自己是独立的。他已经有了一些是非善恶的标准与概念。对孩子的这些概念，只要不是错误的，父母就应尊重。而且事实上，做父母的也大都这样做了，因为谁都不会有意去侮辱自己的孩子。

孩子如果在外面受了委屈，父母都会愤愤不平。但是，在日常生活中，有时父母自己无意间伤害了孩子的自尊，却往往没有引起足够的重视。

小孩子在家里不免乱拿东西，而且用过了，也不知道放回原来的地方。于是，有时父母要找一个东西用，找不到就会问孩子把东西拿到哪里去了。如果孩子真的拿了，而且经母亲一问孩子马上就想起来，那当然很好。可是如果孩子没有拿，父母却一再追问埋怨，往往就会在孩子的心灵上留下阴影。

有的孩子既好奇又调皮，总觉得大人做的一切都新鲜。孩子喜欢在爸爸不在的时候，拿他的钢笔做功课；喜欢趁妈妈不在的时候，偷偷穿妈妈的高跟鞋。这些小事发生多了，就会在父母的头脑里产生一种条件反射：只要有什么东西一时找不到了，马上就会想起是孩子拿了。

孩子说没拿，母亲不信，反而会说孩子是撒谎，这实质上是对孩子人格的一种侮辱，孩子心里自然会十分痛苦。然而主观武断的母亲却观察不到，也了解不到自己无意间对孩子心灵上的伤害，还以为自己是正确的。过了几天，母亲自己又无意间在另一个抽屉或什么地方发现了剪刀，于是才恍然大悟，是自己放错了地方。

类似的事情，在不少家庭中都经常发生，而且常常被父母忽视。这种无意间的伤害，给孩子幼小心灵造成创伤不说，也很容易造成父母与孩子间感情上的隔阂。所以，父母一定要学会尊重孩子。试想，一个没有自尊心的人，将来会怎样呢？一个孩子一旦失去了自尊，也就会丧失了前进和奋发图强的意志和勇气。

例如，一些不用功和粗心的孩子，在做练习，甚至考试中常会把一些极简单的试题做错。母亲看到孩子的作业本或试卷上连简单的试题都答错了，感到气愤和失望。于是可能会骂："这么简单的题目都不会做！你还能做什么！"有的为了刺激一下孩子，还故意辱骂一两句："你真是白吃了几年饭！你是小学一年级的吧！"

当然，这种话也可能促使孩子深省，从而产生奋斗的决心。然而，这种讽刺话："你还在上小学一年级吧！"对于中小学生却不可能产生什么好的效果。因为这种话只能刺痛他一下，但并不能使他真正悔悟，认识自己不用功或粗心大意的错误与缺点。

每个小孩都愿意大人说自己聪明能干。父母骂他，"你和小学一年级的学生一样"等于说"你的天资很差"，当然只会使孩子泄气。照理说，在孩子受到老师或别人责骂"你什么都不会"时，作为父母应该鼓励支持孩子："母亲相信只要你好好做，认真地去做，一定能做得很好。"

而且事实也是这样，不管外人怎么说他不行，只要孩子的父母承认孩子的能力，相信孩子的能力，支持和鼓励孩子，最后孩子就一定会努力拼搏，而不会沉沦下去。

反之，如果父母首先就把自己孩子的才能否定了，孩子当然就会无所依靠，进而丧失信心，结果什么都不想做。

还有一种，讽刺话也是不能说的。这就是有的孩子本来对父母依赖性很大，读书、做功课、做事都要父母催。后来孩子由于某种原因，改变了，自动念书做功课，而且还自动帮助母亲打扫。于是母亲觉得很惊讶，不自觉他说了一两句："今天怎么太阳从西边出来了”，或“今天这孩子怎么变得我认不出来了？是跟隔壁大维学的吧”。

母亲本来是要表示对孩子进步的高兴，只是感觉有些意外，说了这种带有刺儿的话。不过，即使是开玩笑，这种讽刺话也最好不要说。因为它同样可能伤害孩子的自尊。俗话说得好：“说者无心，听者有意。”

遇到上述情况，父母最好通过夸奖来放大孩子身上的闪光之处，这不仅是对孩子的尊重，而且如果孩子长期受激励性话语的影响，其内心就会形成正面的自我意象，久而久之，他们就会越来越自尊自信。

第四章

好性格成就好人生

培养孩子乐观的性格

父母箴言

乐观的性格是孩子应对人生中悲伤、不幸、失败、痛苦等不良事件的有力武器。如果孩子无法乐观地面对人生，就会意志消沉，对前途丧失信心，而且长此以往，还会损害身体健康。值得庆幸的是，孩子乐观的性格可以通过实践逐步培养，悲观的性格也可以在实践中逐步被改变。

美国有一对兄弟，一个出奇的乐观，一个却非常悲观。

有一天，他们的父母希望兄弟俩的性格都能改变一些。于是，他们把那个乐观的孩子锁进了一间堆满马粪的屋子里，把悲观的孩子锁进了一间摆满漂亮玩具的屋子里。

一小时后，他们的父母走进悲观孩子的屋子时，发现他坐在一个角落里，一把鼻涕一把眼泪地在哭泣。原来，他不小心弄坏了玩具，怕父母会责骂自己。

当父母走进乐观孩子的屋子时，却发现孩子正在兴奋地用一把小铲子挖着马粪，把散乱的马粪铲得干干净净。看到父母来了，乐观的孩子高兴地叫道："爸爸，这里有这么多马粪，附近肯定会有一匹漂亮的小马，我要给它清理出一块干净的地方来！"

这个乐观的孩子就是后来的美国总统里根。他从报童到好莱坞明星，再到州长，直至当上了美国总统。这其中，乐观的性格起到了很大的作用。

乐观是孩子对未来充满信心和希望而又不断进取的个性特征。孩子对那些能够满足自己需要的事物或对象，会产生一种积极的情绪体验，而对无法满足自己需要的事物则会产生消极的情绪体验。乐观的性格是孩子应对人生中悲伤、不幸、失败、痛苦等不良事件的有力武器。如果孩子无法乐观地面对人生，就会意志消沉，对前途丧失信心，而且长此以往，还会损害身体健康。

值得庆幸的是，孩子乐观的性格是可以培养的。早期诱发理论认为，人的性格是在后天的环境中逐步形成的，乐观的性格可以通过实践逐步培养，悲观的性格也可以在实践中逐步被改变。

那么，应该怎样来培养孩子乐观的性格呢？

1. 引导孩子摆脱困境

每个孩子都会碰到不称心的事情，即使天性乐观的孩子也是如此。当孩子遇到困境时，父母要多留心孩子的情绪变化。如果孩子闷闷不乐，父母无论多忙，也要挤出一点时间来和孩子交谈，教育孩子学会忍耐和坚强面对，鼓励孩子凡事多往好的方面想，不要尽往消极的方面想。

6 岁的乐乐已经上幼儿园大班了。一天，妈妈从幼儿园接乐乐回来时，就发现乐乐有点闷闷不乐。

妈妈问道："乐乐，今天幼儿园有什么高兴的事呀？"

"今天一点都不好玩。"乐乐不高兴地回答。

"为什么呀？出了什么事吗？"妈妈问道。

"今天幼儿园来了一个新同学，他很会说话，老给同学讲好笑的事情，同学们都不理我了！"原来，乐乐今天在幼儿园受到冷落了。

"那不是很有意思吗？以后，你每天都可以跟这样一个会说笑话的人玩了，你不高兴吗？"妈妈引导乐乐。

"可是，同学们都不理我了呀！"乐乐有些着急了。

"只要你和同学们一样与那位新同学一起玩，你们不是都可以玩得很开心吗？其他同学还是会跟你一起玩的呀！是不是？"妈妈问道。

"嗯，好像是。"显然，乐乐同意了妈妈的看法。一路上，乐乐又恢复了往常的快乐。

父母一定要注意观察孩子的情绪，只要孩子愿意与父母沟通，父母就要引导孩子把心中的烦恼说出来，这样，烦恼很快就会消失，孩子也会恢复快乐。当然，父母也可以帮助孩子克服一些困难，教孩子以正确的态度和措施来保持乐观的情绪，这些都是促使孩子摆脱消极情绪的好方法。

2. 父母自身要乐观

父母在教育孩子的过程中，自己首先要乐观。父母在工作、生活中同样会遇到各种困难，如何处理会直接对孩子产生影响。如果父母能以身作则，在面对困境、挫折时保持自信、乐观的心态，孩子也会受父母的影响，在遇到困难时，乐观地去面对。

平时，父母应该多向孩子灌输一些乐观主义的认识，让孩子明白，令人快乐的事情总是永久的、普遍的。不愉快的事情只是暂时的，不具普遍性。只要乐观地对待，生活仍然是美好的。

例如，碰到周末要加班去，就要对孩子说："今天妈妈要去公司加班，这表明妈妈的工作很忙。"孩子会觉得妈妈很能干，在公司是核心人员。而不要对孩子说："该死的，妈妈今天又要加班去。"因为这样孩子会觉得你是不得不去加班的，这就给孩子留下了不快乐的阴影。

3. 不要对孩子"抑制"过严

许多孩子不快乐主要是因为他们没有自由。父母的溺爱，往往会抑制孩子们的一些行为和举动，甚至替孩子包办一些事情，这样，孩子什么事都不用做，也就无法从中得到乐趣。

美国儿童教育专家认为，要培养孩子乐观开朗的性格，就不要对孩子"抑制"过严，而是要允许孩子在不同的年龄段拥有不同的选择权。

例如，对于两三岁的孩子，应该允许他自己选择早餐吃什么，什么时候喝牛奶，今天穿什么衣服；对于四五岁的孩子，应该允许他在父母许可的范围内挑选自己喜欢的玩具，选择周末去哪里玩；对于六七岁的孩子，应该允许他在一定的时间内选择自己喜欢看的电视节目，什么时候学习等；对于上小学的孩子，应该允许他结交朋友，带朋友来家里玩等。

一般来说，只有从小就享受到“民主”的孩子，才会感受到人生的快乐。因此，聪明的父母不妨做个“懒惰”的父母，让孩子自己去选择、处理自己的事情。

4. 允许孩子自由地表现悲伤

孩子在遇到困境时，往往会表现出悲伤。父母应该允许孩子自由地表现悲伤。如果孩子在哭泣的时候，父母要求孩子停止哭泣，不能表现出软弱，孩子就会把心中的悲伤积聚起来，久而久之，反而造成孩子的消极心理。

对于孩子表现出的悲伤或软弱，父母不要呵斥，应该让孩子尽情地发泄心中的郁闷，孩子发泄够了，他自然会恢复心情的平衡。当然，如果孩子需要父母的帮助，父母应该及时安慰孩子，用相同的心理去感受孩子的情绪，努力引起孩子的情感共鸣，从而缓解孩子的不良情绪。

5. 对孩子进行希望教育

乐观的孩子往往对未来充满了希望，悲观的孩子则往往觉得没有希望。因此，父母要对孩子进行希望教育。希望教育是一项细致的工程，需要父母及时地感受到孩子的沮丧和忧愁，帮助孩子驱散心中的阴影。

平时，父母要多引导孩子看到自己的进步和成绩，鼓励孩子想象自己的美好未来，让孩子对自己的未来充满希望。只要孩子对未来充满了希望，孩子必定会以乐观的心态去面对生活中的事情。

6. 丰富孩子的精神生活

丰富孩子的精神生活可以使孩子把注意力转移到其他事情上。

一方面，父母要鼓励孩子广泛阅读，让孩子在阅读中增加知识，升华思想。可以选择阅读伟人的故事、童话、小说等文学作品。

另一方面，父母要鼓励孩子多交朋友，为孩子创造与同龄人交往的机会，如带孩子到邻居家串门，邀请其他孩子到家里来玩等。

另外，父母可多搞一些活动，如带孩子外出游玩，也可让孩子做一些创造性的活动，如利用废物制作小作品，通过丰富孩子的精神生活，让孩子在各种活动中体会生活的乐趣，增强对生活的信心，培养孩子乐观的性格。

培养孩子开朗的性格

父母箴言

父母的性格会决定家庭的氛围，而氛围会像空气一样被孩子吸入体内，不由自主地影响其性格。在一个民主、欢乐、和睦、文明的家庭环境里，孩子才会情绪稳定、感情丰富、自信心强，进而才会形成开朗的性格。

谁都喜欢开朗的孩子。开朗的孩子总是情绪良好，笑口常开；开朗的孩子不小心眼，不爱生气；开朗的孩子善于与人相处，不孤僻……显然，开朗是一种良好的性格，有利于孩子的身心发展，有利于孩子成才。

孩子的天性是快乐的、活泼的，为什么会有不开朗的孩子呢？

不可否认，孩子性格不开朗有先天的成分。有些人天生性格外向，而有些人天生性格内向。一般来说，不开朗的人多是内向的，但这并不是绝对的。内向的人并不一定不开朗，有很多内向性格的人也是开朗的。这说明先天因素虽有作用，但却不是开朗与不开朗的决定因素，起决定作用的是环境对孩子的影响。

一般来说，孩子畏缩、不合群、不开朗的原因主要有以下几点：

（1）父母望子成龙心切，对孩子要求过高、过严；

（2）孩子胆子小，不够自信，不善于表现自己；

(3）孩子生活很闭塞，几乎没有朋友，整天处于孤独沉闷之中；

（4）父母不开朗，使家庭环境没有生机和活力，直接影响了孩子。

那么，如何解决这些问题，使孩子拥有开朗的性格呢？教育专家们给父母们提出了如下几点合理化的建议。

1. 给孩子一定的自由民主

父母要满足孩子的归属感，使孩子感到被爱、被尊重，不要盲目按照自己的意愿去安排孩子的活动，要保留孩子对合理要求的选择权。孩子在这样的环境中才会心情轻松愉快，言语无拘无束，有什么想法都敢于、乐于同父母交流，也就容易形成活泼开朗的性格。

父母应根据孩子的不同需要，给他们提供更多的选择机会，尽量避免呆板的说教，并通过与孩子之间的互动，促进孩子个性更好地展示与发展。父母不要过多地干涉孩子，规定孩子今天必须干什么、怎么玩、达到什么强度，明天干什么、怎么做，等等。这样很容易打消孩子的积极性，错过他们自愿训练的机会，使孩子变得唯唯诺诺、不敢表现。

2. 引导孩子建立和谐的人际关系

不善交际的孩子大多性格抑郁，因为享受不到友情的温暖而孤独痛苦。性格内向、抑郁的孩子更应多交一些性格开朗、乐观的同龄朋友。

如果说父母是孩子性格的第一位影响者，同龄小伙伴则是孩子形成良好性格、学会为人处事的最好的老师。因为，在与自己的同龄人交往时，孩子会全身心放松、无拘无束，容易形成和保持良好的心境。当孩子在社交中表现得合群时，父母要及时鼓励、强化，这样会对孩子形成开朗的性格有所帮助。

对于性格偏内向的孩子，父母应鼓励他们“走出去”，多到同龄小朋友的家里做客。也可以为孩子“请进来”，邀请孩子的小伙伴到家里来玩。孩子尝到当小主人的滋味，一般都会兴奋、喜悦，会主动带小伙伴参观家里，忙里忙外地招呼自己的小客人，这样不知不觉中他们就增强了自信心，塑造了开朗的性格。

另外，父母还要教会孩子与其他年龄段的人融洽相处。与他人融洽相处者心中较为光明。父母可以带领孩子接触不同年龄、性别、性格、职业和社会地位的人，让他们学会与不同的人融洽相处。此外，父母自身更应与他人相处融洽，热情待客、真诚待人，给孩子树立起好榜样。

3. 生活不宜过分优裕

物质生活的奢华反而会使孩子产生一种贪得无厌的心理，而对物质的追求往往又难以自我满足，这就是为何贪婪者大多并不快乐的真正原因。相反，那些过着普通生活的孩子往往只要得到一件玩具，他们就会玩得十分快活。

其实，满足孩子合理的要求就会促进孩子保持愉快的情绪。对孩子百依百顺，盲目满足孩子所有的要求，或者不管孩子的要求是否合理，均以冷漠对待，都不利于对孩子情绪的培养。

4. 信任和认可孩子

孩子不开朗，不敢大胆表现自己，往往是因为缺乏自信心，无可奈何时孩子还会以哭的方式来解决。孩子的自信来源于父母对他们的信任、认可与诚挚的鼓励，以及孩子成功感、自豪感的体验等。

要使孩子有自信，父母首先要对孩子充满信心，认为他能行。父母要注重自己的言行，试着用亲切的微笑驱散孩子的自卑，用信任的目光消除孩子的胆怯，用慈爱的大手摸摸头、拍拍肩膀鼓励孩子的进步。孩子在父母的信任和认可下，看到自己的点滴进步，相信自己一定能行。

父母还应从发现孩子的优点入手，及时给予肯定和鼓励，不断强化其积极向上的心理。即使孩子出现失误、错误，父母也不要一味地训斥、批评，这样会使孩子更紧张、胆怯，我们应该微笑着对他说："没关系，再来一次！""加把劲，会成功的。"

有时孩子因害怕自己不成功，而不敢表现自己，父母应该给孩子制造机会让他们展示自己。父母针对孩子的实际能力，适当降低标准去要求他、鼓励他，往往会产生意想不到的效果。这会使孩子从不难获得的成功体验中获得自信，并争取更大的进步。

5. 给孩子营造开朗的家庭氛围

家庭的气氛、家庭成员之间的关系在很大程度上会影响孩子性格的形成。一个充满了敌意甚至暴力的家庭，是绝对不可能培养出性格开朗的孩子的。

父母要为孩子提供一个愉快、宽松的成长环境。父母的情绪愉快稳定，在日常生活中会感染孩子，孩子的情绪也会处于愉快的状态。父母要根据孩子的年龄特点给予孩子所需要的爱，这种爱不仅能培养孩子的愉快情绪，而且是其人格建构中不可缺少的组成部分。

有研究表明，孩子的性格与父母的性格有着密切关系，因为父母的性格会潜移默化地作用于孩子，父母的性格也会决定家庭的氛围，而氛围会像空气一样被孩子吸入体内，不由自主地影响其性格。例如，一些过分内向的孩子，其父母往往就是内向的。为此，父母要注意自身具有良好的性格，以自己的开朗影响孩子是最自然、最有效的方式。

6. 父母的言行影响孩子的性格

孩子在适应家庭环境的过程中，常以父母为最直接的模仿对象，形成自己的心理定式和性格特征。婴幼儿对父母的态度特别敏感，父母的言行举止足以影响孩子的情绪、意志和行为，久而久之内化为孩子的性格。父母开怀大笑，孩子就会高兴得手舞足蹈；父母怒气冲天，孩子就会吓得胆战心惊。所以，父母要保持常态的、稳定的情绪，即使心情不好也要在孩子面前做到乐观豁达，以便对孩子产生潜移默化的良性影响。

父母对孩子表达爱意的方式也会影响孩子的性格。对小婴儿的爱可以外露，使他感受到父母的疼爱和保护。对两三岁的孩子，既要平等严肃，又要呵护有加，这样孩子才能快乐、自信、开朗，而且独立性强。此外，和母亲相比，父亲的胸襟相对比较宽广，性格也更开朗。有研究发现，孩子与父亲接触的机会越多，性格就会越健全。所以，尽管当父亲的工作压力大，也要抽出时间多和孩子接触。

7. 引导孩子释放不愉快的情绪

在日常生活中，不可能完全避免孩子不愉快情绪的产生，也是没有必要的，关键是要帮助孩子通过适当的途径来释放它。大多数孩子在与小伙伴玩时会感到愉快和欢乐，因此父母就可以多为孩子创造这样的机会，帮助孩子释放不愉快的情绪，也可设法转移孩子不愉快的情绪，避免长时间持续这种情绪。

比如，可以让孩子参加运动，可以让孩子玩玩游戏，可以陪孩子聊天，等等。

果断的性格使孩子更接近成功

父母箴言

父母培养孩子果断的品质，要因孩子的气质性格、年龄、性别等的不同而区别对待，千万不要认为那些成功的教育方法对自己的孩子就都是适用的。父母只有有针对性地选择适合自己孩子的教育方法，才能培养出做事果断、有主见的孩子。

一个孩子在山里割草，被毒蛇咬伤了脚。孩子疼痛难忍，而医院却在远处的小镇上。孩子毫不犹豫地用镰刀割断受伤的脚趾。然后，忍着剧痛艰难地走到医院。虽然少了一个脚趾，但孩子以短暂的疼痛保住了自己的生命。

上面这个故事看似简单，实际上却蕴含了很深的道理。故事中的孩子果断地舍弃了脚趾，以短暂的痛苦换取了整个生命。在某些特定的时刻，只有果断地舍弃，才有机会获取更大的利益。

德国伟大的诗人歌德说过这样一句富有哲理的话："长久地迟疑不决的人，常常找不到最好的答案。"我们的老祖先也给过我们这样的教训："当断不断，反受其乱。"决策果断是一种宝贵的人格品质。然而，在现实生活中却有很多人因缺乏这种优秀品质，在关键时刻迟疑、拖拉、犹豫不决，终致错过成功的大好时机而以失败告终。

很多父母也知道培养孩子果断性格的重要性，但往往还不能明确界定孩子的某些行为是不是优柔寡断，是不是缺少主见。

比如，很多父母都喜欢问孩子："爸爸好，还是妈妈好？"孩子可能会回答："爸爸好，妈妈好！"刚开始，父母听了可能还会很高兴，觉得孩子聪明乖巧，年龄不大就懂得不厚此薄彼。可是久了，父母可能就会发现，对于这样的孩子，当你问他两样东西哪样好时，他也总是回答这个好，那个也好。这其实就是孩子没主见的表现。

那么，做父母的要怎样做，才能改正孩子这种对待事物的方式，养成遇事果断选择，有主见的性格呢？专家给父母们提了以下一些建议。

1. 让孩子明白鱼与熊掌不可兼得

很多孩子跟妈妈一块儿逛超市的时候，总是这也想要，那也想要，妈妈不给买，就大哭大闹。这跟父母平时溺爱孩子，什么都由着孩子有关。父母的这种行为使孩子养成了不懂得取舍的习惯。因为孩子觉得，自己要什么就会得到什么，至少哭闹之后就会得到自己想要的东西，那为什么还要取舍呢？全都要岂不更好？

对于孩子的这种想法，父母一定要及时加以引导和改变。平时，父母可以经常要求孩子做出唯一性的选择。比如，父母可以拿着苹果和香蕉问孩子吃哪个，并提醒他只能选择一个。对于孩子模棱两可的回答，要提出批评，而如果孩子做出了果断的决定，则要给予表扬。时间长了，孩子就会懂得鱼与熊掌不可兼得的道理。

2. 让孩子自己做选择

每次和孩子上街的时候，在经济许可的范围内，尽量让孩子自己挑选所需的物品。这时孩子会非常高兴，主动性极强。而对于孩子要买的众多物品，父母要提前规定他可以选取的数量，否则以后就不带他出来买东西。这样做，尽管孩子心有不愿，但慢慢地，孩子就会变得果断起来，因为他已知道果断地选择几件，总比什么都得不到要强得多。

3. 尊重孩子自己的决定

给予孩子做决定的机会，可以培养孩子的果断性。所以，日常生活中，父母要给孩子发表意见的机会，并支持孩子合理的决定。切忌对孩子的生活做出全方位的强制规定。

例如，父母可以以征求意见的方式，让孩子决定是买变形金刚还是买小汽车？星期天活动的内容，是逛公园还是打电子游戏？

父母这样做可以使孩子觉得自己也有做决定的权利，在这种感觉的作用下，孩子往往就会拿出自己的果断来。

4. 引导孩子迅速做出合理的决定

未经深思熟虑就做出决定是鲁莽冲动，而深思熟虑后迟迟不能决断则是优柔寡断，这两种行为是与果断相对立的。父母既要教会孩子仔细思考，审慎地做出选择，又要引导不能决断的孩子尽早做出决定。

父母可以给孩子讲有关鲁莽冲动、优柔寡断和坚决果断的故事，让孩子自己说出哪种性格好。遇到具体的问题，也要让孩子说出怎样做才是对的，并果断地付诸行动。

5. 督促孩子坚持自己的决定

果断的品质还包含着做出决定后把决定贯彻到底的素质，即对孩子毅力方面的要求。

父母可以在孩子做出决定之后，与孩子达成口头或书面的协议，规定明确的奖赏与惩罚条款。当然，惩罚条款一定要由孩子自己提出，父母只要觉得合理，就要严格监督孩子执行。

6. 让孩子变得更自信

对自己充满自信的孩子是不会犹豫不决的。帮助孩子克服优柔寡断的最好办法是让孩子肯定自己的能力，坚信自己什么都能干。

在幼儿园里，当老师提出一个问题的时候，有些孩子总爱悄悄地和旁边的小朋友交流，明显地表现出缺乏自信。而当老师问他："××，你知道吗？"他会点点头，但眼睛仍在左顾右盼，顾及周围人对他的看法。

有些孩子过于敏感，凡事都会想很多。在行动之前总是会有长时间的权衡，以他自己的角度来考虑行为的后果，结果造成了孩子的犹豫不决，缺乏果断的判断力，从而产生不自信的表现。

比如，有个孩子在妈妈接他放学回家的路上对妈妈说："妈妈，今天小朋友都去围着老师呢。""那么你呢？""我也想，可是已经没有位置了。""好哦，下次你第一个上去好不好？""好的。可是别的小朋友也会没有位置的。"

对于这一点，做父母的应该尽快寻找突破口，帮助孩子改变这种心理状态，千万不要把它归咎于孩子的个性而置之不理。父母平时应给孩子较多的鼓励和认可，当孩子犹豫不决或打退堂鼓的时候，告诉孩子："你会干好的。没问题。爸爸妈妈都相信你！支持你！宝贝，去吧！"这样给孩子打气，孩子有了信心，自然也就不会犹豫不决了。

7. 不要对孩子犯冷热病

日常生活中，年轻的父母常会因各种事情的影响而产生心理波动。心境好时，对孩子亲近爱怜，关怀备至；心情不好时，会对孩子训斥打骂，往孩子身上撒气。父母随着自己心情好恶的变化而对孩子忽冷忽热，会对孩子的身心健康产生很大的影响。

父母对孩子的态度不同，孩子不能完全明白。当孩子没有做错什么事，却受到父母的冷遇或训斥，父母的反复无常会使孩子感到莫名其妙，有时又感到万般委屈，在父母面前无所适从。久而久之会就造成孩子在言行上优柔寡断，遇事六神无主。

作为父母，不管自己的心情好坏、空闲还是忙碌，对孩子都要一如既往，该指导的时候悉心指导，该关心的时候体贴关心，使孩子觉得父母永远爱自己，关心自己，从而给孩子一种稳定感、安全感和信任感。孩子有了坚强的后盾，往往就会有果决的底气。

另外，父母培养孩子果断的品质，要因孩子的年龄、性别等的不同而区别对待，千万不要认为那些成功的教育方法对自己的孩子就都是适用的。父母只有有针对性地选择那些适合自己孩子的教育方法，才能培养出做事果断、有主见的孩子。

第三篇

优秀是教出来的

第一章

学会做个聪明的父母

努力营造民主和谐的家庭氛围

父母箴言

我们要使孩子变得合作、友善、自控，最大限度地促进孩子的独立性和社会责任感的形成，使孩子更活跃、开朗而外向，父母首先需要做的，就是努力营造一个民主和谐的家庭环境。

“挑剔中成长的孩子学会苛责 / 敌意中成长的孩子学会争斗 / 讥讽中成长的孩子学会羞怯 / 羞辱中成长的孩子学会愧疚 / 宽容中成长的孩子学会忍让 / 鼓励中成长的孩子学会自信 / 赞扬中成长的孩子学会自赏 / 公平中成长的孩子学会正直 / 支持中成长的孩子学会信任 / 赞同中成长的孩子学会自爱 / 友爱中成长的孩子

学会关爱。”可以说，孩子的成长就如这首小诗所说的那样，是在环境的影响下成长的。孩子早期大约有2/3的时间要在家庭中度过，而且完全依赖于成人，所以家庭环境对孩子的成长有着相当重要的影响。

有人把家庭比作人生之海中的一只小船，孩子凭借父母之船遮风挡雨，劈波斩浪。父母两人如能齐心协力，即使在滔天的波浪中也能维系小船的平衡，让孩子感受到安全。要是父母离心离德，心不往一处想，劲不往一处使，那么在风平浪静中也可能船翻人亡，孩子同样会遭受灭顶之灾，小船既可以成为孩子健康成长的摇篮，也可能成为孩子的毁灭之舟。

可以说，父母是孩子人生的第一任启蒙老师，他们对孩子的影响，有时决定了孩子一生的命运。经权威机构的多年研究，父母对待孩子存在以下几种教养类型。

1. 期待型

父母不顾子女的天赋，把自己的夙愿寄托在子女身上，希望子女完全按照父母臆想的要求和标准去做，这样的父母对子女往往期望值过高。倘若父母持有这种态度，而子女的能力不能达到父母的要求，就容易使子女的意志消沉、自卑、冷淡，没有活力，缺乏自制。

2. 溺爱型

父母对子女的要求、主张、意见无条件接受，对子女过分喜爱，想尽一切办法迎合子女的要求，即使子女做了坏事也为其申辩。这种以孩子为中心的家庭容易造成子女的性格和情绪发展扭曲，这种孩子即使微小的要求未能得到满足，或稍遇挫折，也会哭泣、叫喊、胡闹。缺乏自我控制能力。往往以自我为中心，与周围环境不协调，适应社会的能力极其脆弱，缺乏独立性和创造性，缺乏忍耐力，追求某些强烈刺激，对人对己、对事对物缺乏责任心，经常期待他人的帮助。《名贤集》中的“藤萝绕树生，树倒藤萝死”，说的就是这个道理。

3. 严厉型

父母对子女虽有疼爱，但常以严厉、顽固、强迫的态度去禁止、去命令、去训导子女。严格控制孩子的一举一动，要求他们绝对服从父母的意志和愿望，稍不如意，就对孩子进行变本加厉的呵斥。倘若父母持有这种态度就容易使子女对学业成绩、各种训练激起反抗，产生厌学、无责任心、不合群等行为和现象，进而导致他们的非社会行为或反社会行为的产生，或只是表面上唯命是从，做得很好，其实逃避现实，结果成了一个阳奉阴违的人。

4. 干涉型

干涉型大致与期待型相同，为了能使孩子变得更好，事无巨细地去照顾孩子，不吝唇舌地终日唠唠叨叨。在这种类型父母管教下的子女身心发育迟缓，情绪不稳定，遇到挫折容易失去控制，忍耐力差，总想推卸责任。因受大人过多照顾与保护，影响了和同龄孩子的接触，因而成熟也较迟缓，依赖性强，易于冷淡、孤僻，对社会不适应，做事权宜敷衍，不善独立思考，似乎没有独立的灵魂，缺乏远大目标和理想。

5. 矛盾型

父母当中的某一方，对于子女的同一行为，有时斥责、禁止，但有时却宽恕、勉励。在不同时间和不同场合对孩子的教育态度前后矛盾，或者父母的态度不一致。如母亲斥责孩子而父亲却充当港湾，使孩子陷入激烈的矛盾和混乱中。

在这种养育态度下，子女行为没有规律，情绪不稳定，经常处于紧张不安状态。虽有时受到优待，但不知什么时候又要被训斥，受到训斥，也不知为什么。

在这种分歧态度养育下的子女，被两种权威、两种命令和意图夹持中间，往往使子女处于无所适从的地步，造成精神上的极度不安。特别是父亲严厉而母亲过于保护时，孩子大多有激烈的反抗性，有时甚至会出现反社会的倾向。此外，有的孩子想把攻击性隐蔽起来，表面上很老实，畏首畏尾，一旦假面具被揭穿，就立刻变得残忍冷酷。

在很多家庭里，父亲是支配者，母亲是服从者，但少数家庭，母亲是家庭权威，父亲处于服从地位。在这种情况下，子女会轻视父亲，怨恨母亲，或者男孩有女性倾向，而女孩会男性化。

6. 民主型

父母之间感情和谐，家庭气氛融洽，对子女温柔、关心，给孩子必要的帮助和鼓励；能够设法了解孩子，能和孩子经常沟通，感情和谐；尊重孩子的人格和权益，给孩子适当的独立和自由，鼓励子女发表自己的见解，要他学会怎样解决自己的问题，让孩子感受到家庭的责任。总之就是“指导而不支配，自由而不放纵，尊重而不溺爱，鼓励而不怂恿”。

在民主型的家庭中，孩子会变得合作、友善、自控，有较好的适应能力，能最大限度地促进孩子的独立性、积极性、首创精神和社会责任感的形成，孩子会更活跃、开朗而外向。

年轻的父母都期望把自己的孩子培养成为自信、自强、有道德、有能力的人。那么，年轻的父母们就应该从自身做起，为孩子营造一个良好的家庭环境。美国学者在调查基础上总结了 10 条各国儿童对自己的父母和家庭的最重要的要求。

（1）孩子在场，父母不要吵架。

（2）对每个孩子要一视同仁。

（3）不能对孩子失信或撒谎，说话要算数。

（4）父母之间要谦让，不要互相责难。

（5）父母对孩子要关心，关系要亲密。

（6）孩子的小朋友做客时要真心欢迎。

（7）对孩子不要忽冷忽热，不要发脾气。

（8）家里要尊老爱幼，重大事项决定前要征求大伙儿意见，要有家庭民主。

（9）家里搞文体活动，星期天至少玩半天。

（10）父母有缺点，孩子也可以批评。

实际上把上述 10 条作一个归纳，就是要为孩子创造一个轻松、和谐、民主和充满爱的家庭环境。

首先，需要正确理解的是父母的威信所包含的真正含义。孔子曰："其身正，不令而行；其身不正，虽令不从。"父母的威信是父母和孩子之间的一种积极的、肯定的相互关系，这种关系的基础，是父母对孩子的尊重与孩子对父母的爱戴，不是训斥与听命、支配与服从的封建君主专制式的"威信"。在生活中，父母对孩子的关心与帮助，对孩子人格的尊重与信赖，可引发孩子内心深处的真诚感激，并努力按照父母的要求去做。这样下去，日久天长，父母和孩子之间就会形成亲密的关系，父母在孩子的心目中，也就自然而然地具备了一种建立在威信基础上的巨大教育力量，即威信的力量。由此，创建家庭民主氛围，不仅不会有损父母的威信，相反，更有利于培养孩子的独立性，有利于孩子天性的自由发展和健康人格的塑造。

其次，是尊重孩子的人格，给孩子个人自主权，维护孩子的自尊心。我们在教育孩子尊重父母，尊重他人的同时，父母也要尊重孩子，不要把孩子看成是自己的附属物，而是应该把孩子当作一个独立的个体，尊重孩子的人格。在与孩子交谈、讨论问题时，持平等认真的态度，要尊重孩子的爱好、兴趣，语言要平和、亲切，不要粗暴地训斥孩子，即使在孩子做错了事的时候，也要晓之以理，循循善诱，维护孩子的自尊心，尊重孩子的意愿，给孩子个人自主权，要让他们积极参与家庭的各种活动，并鼓励孩子提出自己的意见，说出自己的想法。父母在倾听孩子的意见后，对孩子的正确想法和行为应给予充分的肯定，还要经常和孩子讨论问题，谁讲得有理，就听谁的，以理服人。

再次，父母之间要互敬互爱、互谅互让。父母是孩子的第一任老师，一言一行对孩子有着潜移默化的影响。因此，父母之间要有民主作风，即使发生矛盾或者摩擦时，双方也要心平气和地讲道理，妥善处理，以身作则，要求孩子做到的自己首先要做到，而不能当着孩子，大吵大闹，拳脚相加，用粗暴的方式解决问题。只有夫妻和睦，才能创造温馨的家。

最后，要明确告诉孩子他所拥有的权利。孩子作为一个独立的个体，作为家庭一员，他应该拥有自己的权利，同时，也必须承担一定的义务。因此，在孩子小时候，父母就应该明确地告诉他，他拥有哪些权利和必须承担的义务。

你的语言传递着你的价值观念

父母箴言

为人父母者，常常会在不知不觉中传递着自相矛盾的价值观念。这往往会形成恶性循环，因为你在孩子身上很快就会发现自己的影子，然而很多时候孩子又会因此而受到责备。

父母通过与孩子点点滴滴的言语交流，不知不觉中传递着各自的价值观念，包括什么是好的，什么是不好的；什么是可以的，什么是不可以的；什么是应该的，什么是不应该的；什么是提倡的，什么是不提倡的，等等。也就是说，父母在明确是非的前提下，在平时言谈中，要有意识地让子女能逐步认识和分辨什么是大是大非乃至什么是无关痛痒的小事。因为这是做人立事的根本。

有些父母往往有时以“只许州官放火，不许百姓点灯”的“州官”身份向孩子提出一些“以其昏昏，使人昭昭”的严正要求，或者是与其自身言行完全相悖的要求。如一方面要求孩子说话有礼貌、讲道理、尊重他人，另一方面自己对孩子说话时总是采取命令的、不尊重孩子的甚至是没有礼貌的方式。事实上，想让孩子讲道理，父母自己首先就应该讲道理，而不是只训导孩子讲道理；想让孩子尊重别人，父母和孩子说话时首先就应该尊重他；想让孩子有礼貌，父母首先就应该对孩子说话有礼貌，而不是恶声恶气或歇斯底里。孩子很小时，孩子的任何行为父母总是给予关注、强化、鼓励甚至是无条件地接受。因此刚学会说话的孩子都很友好、很温柔、笑眯眯的。但是，随着孩子年龄的增长，父母的这种天性好像也逐渐丧失了，他们开始较多地指责和批评孩子，有时态度和语气也很恶劣。这往往会形成恶性循环，因为你在你孩子身上很快就可以发现你自己的影子，然而很多时候孩子又会因此而受到责备。

有的父母内心希望自己的孩子逞强能干，不被别人欺负，因此，每当自己的孩子欺负了别的孩子时，虽然表示不应该如此，但往往会笑嘻嘻地走到孩子身边，抱着孩子并温和地对孩子说："怎么能打人呢？"其实孩子在父母这种温和的言语中早就发现："这是可以的，至少不是很严重的。"因此，以后还会经常发生类似的情况。所以，孩子的所作所为往往是成人价值取向的具体表现，当然不仅仅是父母的价值体现。

在这个问题上，有一点显得特别重要，容不得孩子吃亏的父母往往自食其果。因为这些父母错过了一些重要的引导孩子人际交往的机会，其后果是孩子不能遵循交往规则，不懂得与人友好相处，自然在人群中不受欢迎，甚至被排斥，从而影响孩子的进一步发展。需知孩子很多时候是通过和其他孩子一起玩学会为人处事的，从这个意义上说，"吃亏就是占便宜"一点也没错。常见父母因为孩子之间的冲突而相互责怪、谩骂，可以想象他们此时此刻能传递给孩子的又是怎样的价值观？

给孩子以成长需要的爱

父母箴言

父母对孩子真正的爱，是孩子健康成长所需要的爱，这种爱应该是稳定的、及时的、行动的，要求父母细心、敏感，当孩子需要时，马上给予。

心理学家费洛姆在经过长期研究以后，将爱的表现形态归结为四个方面：关心、尊重、理解、责任。

关心，就是对孩子的照料。这对孩子们来说太需要了，年幼的孩子，遇到困难特别多，饮食起居、学习、身体都需要父母的照料。不但要关心孩子的物质需要，也要关心孩子的精神需要。但关心不是包办代替，不是放任，不是溺爱，不是过度保护、过度干涉，不然，爱的关心就会走向反面。

尊重，就是要平等地对待孩子，尊重孩子的人格、兴趣、意愿，而不压制他的个性。

有一位小学生，叫小明，爱集邮，却遭到父母反对："集邮有什么好，只会浪费你的学习时间，花费家里的钱。"父亲还说："不许你集邮了。"小明被恼怒了，顶了父亲一句："集邮有什么不好。"父亲火了："你还敢顶嘴？我把你的邮票烧了。"说着，真的将邮册投进了炉火里。儿子的心像刀割一般，这可是他几年的积累！后来在一次作文竞赛中，他把从邮票上学到的知识用到了作文上，获得了第一名！可他不想把这喜讯告诉父母，因为父母的言行在他心中投下了阴影。

应该说小明的父母本意是好的，但他们没有尊重孩子的独立个性，剥夺了儿子的集邮爱好。把自己对前途、对成才的看法强加给儿子，认定集邮是浪费学习时间，并以居高临下的权威地位，以不平等的强迫命令态度去处理儿子的个性爱好。

这种缺乏尊重的爱不能算是真正的爱。因为父母没有把孩子当成一个在人格上平等的、独立的人那样去爱。

理解，就是对孩子深入的了解。家长要能站在孩子的立场上想问题、分析问题。只有真正理解了孩子的困难、愿望和要求，爱才能落到实处。

上四年级的小丽，放学回家就向妈妈抱怨："老师太狠心了，这么多作业，真不想做了。"

妈妈走过去温和地问："都有哪些作业？"

"你看，数学计算题15道，应用题5道，还有语文课文背诵、问答题、小作文。"

"是太多了，考试前这些天够辛苦的。是否一定都要做？"

"那倒不是，有几个题，老师说来不及可不做。"

"那就先休息10分钟再做吧，反正不一定全做。"

"那怎么可以呢，不做的那几道题刚好考到呢？"

小丽边说边摊开书本、作业本，在温馨的氛围中认真地做起作业来。

其实，小丽并不是不想做作业，而是求得母亲的理解。"真不想做"，是她负向情绪的一种语言宣泄，并非她本意真的"不想做"。这位善解人意的母亲很快化解了女儿的烦恼。

责任，就是要对孩子有一种安全、主动负责的精神，这是更高层次的爱。这种爱，渗透到生活的各个方面，无论孩子是俊是丑、智商是高是低、表现是好是差、身体是健康还是残疾，我们都要爱他，都要对他负责。

杭州有一位女孩叫杨洋，她是我国第一位通过平等竞争进入普通高校深造的聋人大学生。她之所以能冲破障碍、超越自我获得成功，就是因为有非常爱她的父母。

杨洋是4岁时由于耳毒性药物致聋的，可她父母不认命：不能让女儿聋了又变哑。为了让女儿到普通学校读书，父母决定用汉语拼音教女儿说话。于是当工人的父亲每天下班回家，就教女儿"—o—e"，可对声音毫无感觉的女儿，几百次发音却是几百种奇怪的声音，父亲总是耐心地边教边听、偶尔逮住一个较准的发音，就让女儿再发，可又是几百次千奇百怪的声音，父亲仍然耐心地教、耐心地讲……年幼的女儿不耐烦，恼了，父亲就拉着她的小手与她做游戏，表演有趣的故事。就这样，父亲教会了女儿一年级的语文、数学。好不容易进了普通学校，为了这来之不易的学习机会，父母竭尽全力腾出了最大的一间房，买来了小孩爱看的课外书、爱玩的扑克、象棋，准备了小零食、开水……以吸引女儿的同学放学后来学习和活动。这样可通过他们了解教学内容和进度以及老师的要求，从而有效地帮助女儿的学习和生活。

在父爱母爱的阳光雨露下，奇迹出现了，杨洋不但上了省重点中学，而且以优秀的成绩考上大学本科，成绩还保持在前三名！她通过竞选当上了系里的团委组织部副部长，在大学入了党。现在杨洋已参加了工作，能用语言与人交流，真正融入了社会。

由此看来，父母对孩子真正的爱，应是孩子健康成长需要的爱。而且爱是一种被动的感觉，它不以父母自己感觉“爱孩子”为标准，而是要看孩子是否感觉到。这种爱应是稳定的，像太阳一样永恒；要及时的，要求父母细心、敏感，当孩子需要时，马上给予；是行动的，不仅仅是口头上的，更是要用实际行动去体现。这样，孩子才会感受到父母真正的爱、可靠的爱。

要学会与孩子沟通

父母箴言

孩子有意见得不到及时交流，主要责任在于父母没有给予应有的重视或掌握不好沟通的火候，甚至有的父母认为对孩子唠叨一顿就是沟通，结果却适得其反。

我们常听到父母抱怨说：“孩子什么事也不愿和我们讲。”而孩子却诉苦说：“父母不理解我们的需要，他想说的就说个没完，而我想说的他却心不在焉。”这种情况是比较普遍的。其实孩子是有许多事情、感受很想跟父母说的。他们有欢乐、有苦恼、有意见没有得到及时的交流，主要责任还在于父母没有给予应有的重视，没有认真地或不善于倾听孩子的意见和感受。如何听取孩子的意见和感受，实质是父母对孩子的态度问题。在日常生活中常看到这几种情形。

（1）孩子来到你身边想说点什么，你却不以为然，或不屑一顾，敷衍搪塞。

（2）孩子和你讲话，尚未说到正题，你却表现冷淡，漫不经心，眼睛不离电视或报刊，哼哼啊啊地搭着腔。

（3）当孩子和你说话时，你静不下心来，或者找借口“我正忙着呢，一会儿再说”，或者没好气地说“少叨咕你们学校那点破事儿”。

（4）孩子坦诚畏惧地向你表明他犯了错误，没等他说明具体情况，你却声严厉色地训斥孩子。这样做，就等于告诉孩子，有了过错要对家长隐瞒！

你不愿听孩子讲话、不和孩子谈心，你怎么了解孩子。不了解孩子，你又怎么可能帮助教育孩子？同时父母也要敞开心怀和孩子谈看法、讲见闻、说愿望、道欢乐、诉苦衷，共同营造一个民主对话的气氛。

如一个初二的男孩子，由于母亲不再给他零花钱了。没钱去打游戏，所以对母亲很反感。实际上，爸爸已下岗，妈妈为了节约开支，放弃双休日，加班加点，每天早饭是米饭开水加咸菜，常带到厂里吃。这位母亲说，为了孩子学习、生活得愉快，我经受的艰辛都不让孩子知道，没想到他现在这样对待我。

如果与孩子有更多的沟通，让孩子了解父母工作的忙碌和生活的艰辛，孩子就会理解父母，改变自己对父母的错误态度。

1. 善于倾听孩子的心声

第一，父母要消除对孩子正负评价的心理定式。父母对孩子过去的表现所形成的看法会影响现在对孩子所说话的理解，甚至误解和歪曲。同时也要防止“晕轮效应”的作用，不是一好百好，“爱屋及乌”，也不是一坏全坏，以偏概全。孩子是发展变化的，要排除主观偏见，耐心倾听孩子的心声。

第二，一定要认真听孩子讲话。应表现热情、有兴趣，高兴地和孩子沟通，正确理解孩子的想法和感受。他讲话时不打断、不批评，并能从孩子的立场去理解他说话的内容，使孩子感到他被理解、重视和接纳。

第三，重视孩子的内心感受。父母要注意孩子内心的需要与感受，体会他的心声、苦恼和心理矛盾，鼓励他坦诚地表明自己的想法和感受。不赞同他的某些行为，并不表示对他的感受不理解不认同。例如，一个孩子的堂弟把他心爱的东西摔坏了，他生气、心疼，一气之下打了堂弟。家长批评他打人的错误行为，但对他的感受、痛惜则应理解。父母应表示损坏了你心爱的东西是很可惜，堂弟也不对，看看能否修好，或以后再给你买个新的。这样孩子得到了同情和宽慰，也会认识到打人不对。要明确，少年对事物的感受或心理活动往往比他的思想更能引发他的行为。所以重视孩子的感受是很重要的，对他的感受认真加以理解和评价，将会影响他今后的发展。

2. 言语要切合实际，合情合理

父母与孩子交流思想情感和社会信息要实事求是。无论是批评、表扬和评价，也无论是谈论家庭和社会问题，都要切合实际，有理有节。不能跟着感觉走，随着性子来。比如，你批评孩子一件事情没有做好，你不应这样说："笨蛋，我已经说过一千次了，为什么还不改。"这就是夸大其词，于事无补。

又如，孩子考试成绩得了"优"，你不能这样说："你真聪明，好孩子，你为家长争了光！"你只说他聪明就否定了他的刻苦努力。说他为家长争了光，就把他努力学习的动机和动力引偏了方向。

对社会问题的评论也不能否定一切或肯定一切，非此即彼，没有其他。要一分为二地、发展地看问题和评价事物。这样久而久之，孩子也能学会辩证唯物地认识问题和评价事物的思想方法。

经常运用切合实际、合情合理的沟通方法可以培养孩子的理智感、自信心，增强教育效果。父母可亲可敬、可以依靠和求教的形象就会在孩子心目中树立起来。

3. 言语要清楚、具体、明确

“好吧，你玩一会儿，就回来做作业。”这“一会儿”是多长时间，他有他的打算，你有你的要求，不一致，结果产生冲突是必然的。同样也不能接受孩子言语不详的话，否则也会带来麻烦。如孩子说：“妈妈，这个双休日我们几个同学到盘山去玩玩行不?”你不能马上明确表态。因为孩子和几个什么样的同学去，具体怎么安排的，什么时间回来都不清楚。父母与孩子间产生的许多问题和矛盾，往往是由于言语不详、语义不清、模棱两可或似是而非造成的。所以，沟通要成功、有效，言语就要清楚具体。

孩子在不明原因的情况下不会有自觉性，你不说明原因，只是“我说你做”，会有强迫命令之嫌，孩子会认为你主观，强加于人。所以对你的决定要说明原因。

另外，当出现问题时，父母还应有自我批评精神，把属于自己的问题说清楚，不能把自己的毛病、问题模糊地敷衍带过，却去具体指责孩子的不对，那样孩子会认为你没有责任心，是一位不可信赖的长者。

一个初三的女儿跟爸爸一起去买礼物，送给姥姥过生日。但姥姥不喜欢这个礼物，这时，这位父亲就埋怨孩子说："你看，我说姥姥不一定喜欢，你也不好好选择一下！"把责任都推给了孩子，她心里能服气吗？

4. 沟通要选择适当的时间和地点

当孩子以学校名义要钱较多，或一段时间沉默不语时，家长要及时了解情况，主动沟通，发现问题及时处理。

某中学初一年级的两个男孩，在校门前逗留，门卫老大爷看见一个女孩从街上走来，向其中的一个男孩要钱，这个男孩二话没说，就掏钱给了女孩后各自离去。门卫大爷感到有问题，立即告诉了学校，通知了家长。一了解，原来这个男孩跟校外一女孩"要好"，常给她钱花，可父母对此还蒙在鼓里。

那么，当孩子有了某种过错或不良行为时，要注意选择适当的时间和场合进行教育。孩子吃饭时、上学前、就寝前、熟睡中、与同伴一起玩或亲友在场时，都不宜对孩子进行批评教育，否则会损伤他的自尊心和身心健康，并使后续的学习和活动受到干扰和影响。

美国心理医学博士马文·西尔沃曼对此提出5条意见，即在下列5种情形下不宜对孩子批评教育。一是当孩子同你讨论某个个人问题的时候；二是当孩子看上去非常激动而又没有说到底是怎么回事的时候；三是当孩子为某件事而兴高采烈的时候；四是当孩子需要人帮助他做出决定的时候；五是当父母想让孩子解释或同自己讨论某件事的时候。此外，家长还要注意以下几点。

第一，在家长心情不佳、过于疲劳或工作中遇到棘手问题必须尽快处理等情况下，不要谈孩子的过错等问题，以避免情绪过激，出现偏差行为。

第二，要有一个理智的心理环境。环境安静，心里平和，对孩子的问题已有了思考和成熟的解决策略。

第三，对孩子一些较严重的问题，如偷窃、欺骗、早恋和逃学等，家长处理这类问题，要有一个全面了解、考虑的时间，也要给孩子一个认真思过准备接受教育的时间。亲子双方都有了思想准备时，抓住时机进行教育。一旦教育开始就不能拖拉，要集中时间和精力，力求把问题解决得完好些。

第四，坚持“单兵教练”与“回避政策”。教育孩子时要根据具体情况。父母谁出面，或一起出面，但都要避开其他人。

5. 不要唠叨

爱唠叨这是国内外做母亲的常见病、多发病。它的危害很大，会使家庭生活遭受无休止的磨难，使父亲烦躁，孩子反感。可是许多家长并不承认自己唠叨，说：“我是常提醒他，嘱咐他。”要明确，唠叨和经常提醒是有很大区别的。

提醒，无论次数多么频繁，都是要抱有信任、友善、尊重的态度，口气中没有烦人、生气、责备或警告之意，是就当前一件较重要的事情说明、强调，是增长经验，减少失误，提高自我调控能力；而唠叨却是多次重复的要求，不耐烦的指责和嗔怪，常常是转移话题，由一件事情扯到其他事情，数落一堆旧账，其效果是烦扰对方，使他烦躁、疲惫，破坏沟通和教育效果。同时还污染了家庭温馨祥和的气氛，不利于孩子的健康发展。

由于母亲对子女的疼爱和女性所具有的敏感、细心、注意小事、易动情感的特点，加上除了工作还要忙活家务，容易引起情绪紧张，心情烦躁。同时，由于母亲在家里常有第一主人的意识，想事多，管事多，不自觉的权威意识也就较多。所以对孩子要求得多，不耐烦的说教就多，日久年深就变成了唠叨。特别是更年期的母亲难以控制自己的情绪，一旦有了矛盾，就唠叨个没完。有些家庭的破裂就是因为母亲的唠叨造成父亲无法忍受而引起的，做母亲的把家庭已经搞到了崩溃的边缘却还不自知，还在一味地指责父亲、辱骂儿女。因此母亲要认识到唠叨的危害性。加强自我修养，提高自控能力，坚决改掉爱唠叨的毛病。

（1）教育孩子，要求要明确、严格而坚定

有些孩子对父母的话充耳不闻。但是，你反复说教又变成了唠叨，而唠叨就会使孩子认为听不听大人的话也无关紧要，他则不会受到任何惩罚。所以父母必须养成重要的事情对孩子只说一两遍，如不执行要有相当的处理方法。让孩子知道不听父母的正确教导只能给自己带来不便和苦头，而对父母来说却没有什么，既不唠叨，也不发火，心平气和，处之泰然。

（2）要在一定时间安排家庭聚会

在自然和谐的气氛中谈谈各自的学习、工作情况和生活的心理感受，相互提出希望和建议。达到相互促进，统一认识，自觉自愿地承担责任和义务，做好各自应当做好的事情。

（3）要建立必要的家规

把家规作为约束和调整父母与孩子行为的准则。家规内容必须是重要的，由全家人共同讨论拟定。订后要严格执行，共同遵守。这样，家庭的一团乱麻厘清了，做母亲的也就没有必要再唠叨了。

6. 适当运用幽默

许多父母，特别是父亲对子女常常板着面孔，以权威的架势向孩子发号施令。却不善于运用幽默来增进沟通效果，引发喜悦，消除感情的隔阂。可以说以愉悦的方式表达真诚和心地善良，已成为父母教育子女的得力助手。

幽默的形式多种多样，千变万化，会起到意想不到的教化效果。

健康的幽默，是亲子关系的润滑剂，可以缩小亲子间心理距离，使孩子愿意接受你的教育。它不仅使孩子乐于受教，而且还有利于身心健康。鼓舞孩子的勇气，点燃心灵的火花，令人振奋，催人上进。有利于孩子从不可避免的挫折中解脱出来，学会以乐观的精神、开朗的性格，面对现实社会生活中的压力和挑战。

幽默是一种最有趣、最感人、最具有普遍意义的传递艺术。马克思常常以幽默的方式教育子女，孩子们总是乐于接受爸爸的劝导。例如，有一次马克思的女儿们玩“海战”游戏，小女儿爱莲娜被一个航海故事所感动。她告诉爸爸说：“爸爸，我也要当个舰长，你看行吗？”并贴近爸爸耳朵小声说：“我可不可以扮成男孩，偷偷去租一艘军舰？”马克思为了巧妙地把小女儿天真烂漫的遐想引向实际，不使她失望，并没有简单地否定这个想法或者轻率地答应她，而是悄悄地告诉女儿：“这自然是可以的，不过在你的计划成熟之前，不要把这件事告诉任何人。”聪明机灵的小女儿高兴地点了点头。

对孩子幽默要适宜，富有启发，有教育意义。这需要父母教育观念的更新，人格修养和文化素质的提高，多看书报，多学习，幽默的沟通技巧是不难学到的。

7. 训诫之后应该张开温暖和充满爱的怀抱

如果惩罚是孩子“自找的”，他完全明白是罪有应得的话。孩子在当初的泪水消失之后往往会表现出对父母的爱。在感情沟通之后，孩子通常会想要投入父母的怀抱，并且他应该得到一个张开、温暖、充满爱的怀抱和欢迎。在这个时刻你可以跟他倾心交谈。你可以告诉他你是多么爱他，他对你来说是多么重要。你可以向他解释他为什么受到训诫和下次他怎样避免犯这种错误。

父母在孩子们的公然反抗面前不应该畏惧或退缩。这些情况必须作为重要的事件而未雨绸缪，因为它们能提供机会向男孩或女孩传递在其他时间无法表达的口头和非口头的信息。

这种形式的沟通通常是其他规训形式所无法做到的。例如，让孩子站到墙角或拿走他喜爱的玩具。一个牢骚满腹的孩子通常是不想进行交谈的。

丹丹是一个仅满 15 个月的“跟屁虫”。妈妈想生火，她必须到外面车库里去找一些干柴。天正在下雨，所以她告诉正光着脚的丹丹在门口等着。丹丹很早就学会了说话，她知道这个命令的意思。但是她突然要跳着穿过湿湿的天井。妈妈抓住她，把她拉了回来，严厉地重复了一遍那个命令。但是妈妈一转身，丹丹又赶快跳了出去。这对一个明白的命令来说是一种反抗行为。然后，在第三次的时候，妈妈就用一根小棍子敲了丹丹小巧的腿几下。

在孩子的泪水干了之后，她走到火炉旁的妈妈身边，伸出胳膊说：“我爱你，妈妈。”妈妈温柔地用胳膊拥抱住她，哄了 15 分钟。在这个充满爱的时刻，妈妈轻柔地告诉了她服从的重要性。

父母拒绝的是孩子的行为而不是孩子本身，如此惩罚之后，父母的温暖抚慰对说明这一点是非常重要的。

毫无疑问，纠正孩子的错误但却让他或她感到不被喜爱、被嫌弃和没有安全感，这种方式是不对的。防止这种事情发生的最好的方法就是在训诫事件中有一个充满爱的结局。

要尊重孩子的隐私

父母箴言

对隐私权的重视是社会的文明和进步，懂得个人隐私的保护是一个人走向成熟的标志，当孩子的隐私意识逐渐增强时，家长应当高兴才对。

许多家长都诉苦说：“孩子越大越不听话，不像从前那样，有什么事都和父母讲。”还有的家长发现孩子有些事背着自己，有些东西藏起来不让自己看见，同学之间的书信和他自己的日记总要放到安了锁的抽屉里，对孩子的这种行为他们感到不安，怕孩子染上坏毛病。

这样的家长，习惯了对孩子过于保护和包办一切的教育方式。他们有的人因发现孩子对自己有所保留，竟千方百计地翻看孩子的书信和日记，然后把其中的一些内容当作孩子“错误行为”的证据，拿去指责孩子，伤了孩子的自尊心。这样做进一步关闭了孩子和父母之间沟通的渠道，失去了孩子的信任。家长关心孩子的心情可以理解，但这种过度保护、过度干涉，不允许孩子保护自己隐私的做法是不妥的。

人的心理发展是分阶段的，也是有迹可循的。婴幼儿时期，孩子一切依赖父母，少年时期孩子也许仍把父母当作学习、模仿的第一榜样。但是，进入青春期后情况发生了变化，随着成人意识的出现，他们要在更广的范围内接触社会和人生，此时，人的隐私内容发生了变化而且范围逐渐扩大。

隐私可以是具体得失，也可以是个人的理想、观念、人际关系、身体状况，等等。隐私权是公民对以个人生活秘密和个人生活自由为内容的禁止他人干涉的人格权。对隐私权的重视是社会的文明和进步，懂得个人隐私的保护是一个人走向成熟的标志。很难想象，如果人们之间没有隐私，社会将是什么样子？那样的社会如何进步？同样，一个人如果总是不恰当地把属于个人的隐私公之于众，这也必然使他无法适应社会生活，造成人际关系的不协调，也是他心理素质存在问题、心理年龄滞后的标志。

保护个人隐私是适应社会生活的一个方面，保护隐私就是保护自己。当孩子的隐私意识逐渐增强时，家长应当高兴才对。

敏敏妈发现女儿在小学五年级时就十分明确地有了自己的小秘密，发现了她的变化，敏敏妈和敏敏爸都很高兴，因为这是她开始走向成熟的标志。一个毫无保留地在父母和他人面前诉说自己内心感受的傻丫头是不会成为成熟的人的。当时，她用的是敏敏妈替换下来的写字台，敏敏妈主动将写字台抽屉的钥匙交给她，让她学会保守自己的秘密。后来，上了初中、高中，她收到一些同学的来信，包括男生的信。父母在教育她如何与同学搞好关系、与异性交往中应注意的问题时，还嘱咐她一定要妥善收好这些信件，不要遗失在外面，免得给自己和同学带来不必的麻烦。他们认为尊重孩子的隐私，是父母教育孩子的重要内容。

但是，尊重孩子的隐私与以保护个人隐私为借口拒绝父母管教、帮助的行为两回事。父母与孩子间的关系是与生俱来的，父母在很长一段时间里都有教育孩子的权利、义务和责任。

第二章

如何对待孩子的挑衅行为

怎样理解孩子的攻击行为

父母箴言

人具有攻击他人、攻击自己的先天性本能，人的攻击行为会受到遗传、内分泌失调的影响以及环境中过多可模仿的暴力情景的影响。不过当今心理学家普遍认为，人的攻击行为与挫折有关。

李女士把4岁的珊珊放到床上让她小睡，但珊珊不习惯做她不喜欢做的事，也不喜欢在下午睡觉。珊珊开始发出尖叫，她尖叫的声音大得足够使四邻不安，使李女士烦躁的神经更加紧张，接着珊珊眼泪汪汪地要各种不同的东西，其中包括一杯水。开始李女士拒绝执行她的要求，但是在她的尖叫声又一次达到剧烈的顶峰时，她屈服了。当水拿来时，这个恶作剧的孩子又把它推到一边，拒绝喝水。因为她觉得妈妈拿来得不够快。李女士端着水站了几分钟，然后说如果她数到“10”珊珊还不喝她就把水拿回厨房。珊珊紧闭着嘴巴等着数数，“8、9、10！”当李女士拿起水走向厨房的时候，那个孩子又尖叫着要喝水。珊珊像个玩具不远不近地追着她烦恼的妈妈，直到她厌倦了这种游戏。

王启是某小学四年级的学生。一天上课，他趁老师转身在黑板上写字时，拿圆珠笔使劲戳同桌同学的手指，痛得同桌大叫起来。结果可想而知：请家长、做检讨。真是害人害已。

据同学们反映，王启在班上学习成绩很落后，体育活动也很差劲，就是专门爱欺侮别人。上课喜欢做小动作，揪前排女生的头发，将废纸团扔到别人桌上，起立时故意将旁边同学的椅子拿开，好让同学坐下时摔跤出洋相，惹全班发笑，别人从自己身边路过时，装作不注意把脚伸出去绊倒别人。

班主任说，很难在王启身上找到什么优点，他唯一的嗜好就是欺侮比自己成绩好又打不过自己的同学。王启的父母离异，他一直跟母亲住在一起。他母亲工作很忙，很少有时间管教他，他成绩不好就批评他不好好学习。许多事情都是由着他的性子来，是班上典型的“落后分子”。

打架骂人可以说是学生们用于解决彼此冲突的一种方式，几乎天天都有发生。在极度愤怒时，即使平时学习成绩特别好的孩子，也可能打骂他人，平时老实沉默、不爱说话的孩子，也可能会说一些脏话。但这种在特殊情况下的应激行为与平日一贯的攻击行为是不同的。对于那种特殊的应激行为，我们不宜将它看得很严重，而一贯的攻击行为则要很严肃地对待。

为什么有些儿童身上容易出现攻击行为呢？精神分析专家弗洛伊德认为，人具有攻击他人、攻击自己的先天性的本能。诚然，人的攻击行为会受到遗传、内分泌失调的影响，以及环境中过多可模仿的暴力情景的影响，不过当今心理学家普遍认为，人的攻击行为与挫折有关。有这样一个心理学实验。让两组儿童观看一间装有诱人玩具的房间，第一组儿童先隔着铁窗看，不允许马上进屋玩，从而引起了儿童的心理挫折。第二组儿童观看后马上可以进屋玩。结果发现，第一组儿童在后来进屋时，有许多人故意损坏玩具，表现出发泄性攻击，而第二组儿童则能平静地玩玩具。

可见，心理挫折是导致攻击行为的直接原因。因为儿童的成长并不只是消极地适应周围和父母、老师的要求，他们会积极主动地发展自己的优点，寻求认同，希望得到关注，不知不觉地试图找到一条适合自己成长的路子。当儿童受到挫折与打击时，必然会引起他们的消极情绪，而攻击行为是发泄这种消极情绪的一条捷径。当孩子还没有掌握该如何排解自己的沮丧时，最简单和直接的方式就是攻击。

另外，当儿童的行为长期得不到关注时，他们会自发调整自己的行为，或是变得消沉、软弱，或是通过各种方式引起大人注意和自我的满足。例如，通过制造各种麻烦，以此引起父母的注意，通过攻击他人来表现自己的“强大”，以满足自己的追求成功的心理需求。许多孩子在欺侮他人之后都会感到自己有力量，受到学校批评也不以为然，甚至觉得自己的行为引起校方注意是件大好事，于是“屡教不改”。

一般来说，爱打架的学生大都学习成绩较差，又没有什么特殊才能。他们在学习和各项集体活动中屡受挫折，几乎不能得到表扬，因此容易产生攻击行为（当然还有些儿童会产生退缩行为，如害怕与人交往、寡言少语等）。前文所述的王启就是一个典型，他将打架看成是自己的“特长”，总觉得自己什么都比别人差，别人根本瞧不起自己，只有打架时才会引起同学、老师、家长的注意，使同伴惧怕，才能产生一种“成就”感。因此，如果不帮助这类孩子寻找到他们真正能获得成功的出路，只是一味地批评、威胁他们，则可能形成“挫折——攻击——不良心态的满足——再次挫折”的恶性循环。

与上例相反，有的家庭不是家长忽视孩子的成长，而是家长怕孩子，曾经有一位家长异常伤心地“控诉”自己的孩子，年满16岁的儿子脾气特别坏，拒不服从父母的任何要求和命令，一遇到不顺心的事就向父母发泄，常常因为一些鸡毛蒜皮的小事向父母发火，又是摔杯子，又是踢家具，父母有苦说不出。心理学家通过调查发现，如果父母总是对孩子提出过多、过细的要求，给予过多的责备和批评，不顾及孩子的反应，而且常常以消极的、羞辱的方式提出批评，势必招致孩子的不满和挫折感，受到孩子的抵抗乃至攻击。

理解孩子的攻击行为，是帮助孩子摆脱攻击性的第一步。家长要注意只给孩子提出适度的要求，不让孩子总陷于失败的困境之中。多发现和鼓励孩子真正的优点，帮助孩子树立起基本的自信。引导孩子认识自己的情绪，学会一些疏导消极情绪的方法，这样，会帮助那些爱惹事的孩子找到一条能被同伴接受的生活之路。

孩子为什么会无理取闹

父母箴言

孩子是不会“无理取闹”的，如果闹起来，总是有他的原因。父母要懂得孩子为什么要这么做，即使孩子自己有时也并未意识到这一点。

对孩子发脾气恐怕是有爱心的父母最不愿意做的一件事。但有的时候，你会发现孩子真是格外的“缠人”，近乎无理取闹，将你的耐心一点点地消耗殆尽，就如下面的一幕。

妈妈：“我真不懂你为什么会这样？左不行？右也不行？你究竟是怎么了？”孩子：“我没什么，我就是想把小火车摆在地上。”妈妈：“我同你解释过了，今天要装吊灯，不能在地上摆东西。你可以去玩其他的，你没有听明白吗？”孩子：“我不管，我就是要摆。”今天装修工人要来，妈妈不是十分有闲暇，于是忍耐不住而爆发出来。“我同你讲了这么多遍，你还是不听，你究竟想要怎么样？”这时妈妈已经是在吼叫了。孩子脸上显出一丝恐惧，但是他仍旧没有放弃，只是怯生生地望着妈妈，摇着她的手坚持说：“我就是想玩小火车。”于是妈妈终于威胁地说：“我要打你屁股了！”

终于妈妈打了几下，孩子委屈地大哭起来，当他平静下来，疲倦地靠在妈妈身上时，她忽然意识到，原来孩子是困了。想起今天早晨他起得非常早，所以，一上午都有点儿情绪不佳。原来是这样。妈妈开始觉得于心不忍：“傻孩子，你怎么不告诉妈妈你没睡够啊！”孩子还是倔强地说：“我没困，我就是想玩那个东西。”

其实，成人也常常意识不到自己烦躁的根源或拒绝承认自己情绪不佳的时刻，我们会说他真是在莫名其妙地发火，他自己也这样说。如果认真自省一下，一定是有什么不如意的事情在打扰他。没有得到足够的睡眠，在工作上被别人小小暗算了一下，或某一件事做得不好等。如果我们静下心来想一想，寻找根源，有的放矢为自己消气，便会免去他人的疑惑和不快，自己的情绪也会快一些调整好。遗憾的是，不是所有人都这么明智。成人都有拒绝承认自己的烦恼根源的时候，更何况孩子。孩子情绪不佳时，往往与睡眠不足有关。幼儿需要十分充足的睡眠，但恰恰最不喜欢睡觉。你若问他想不想睡觉，90%的时间他会说：“我一点儿也不困。”但除了在极兴奋的状态，孩子的身体对睡眠是十分敏感的。做什么都不起劲，很容易烦躁。因此当我们看到孩子十分扰人时，可以从睡眠上考虑一下，是否前一天玩得过于“凶猛”，即使保证了正常的睡眠时间，也还是没有得到足够的休息，因此“闹情绪”。

当然，此时即使我们判断出他的恼人行为的动机，如果直截了当地去对他讲：“我看你是困了，要不早点睡觉。”孩子一定会说：“我不困，一点儿也不困！”有些被人抓住了把柄而更加恼怒的样子。在这种情况下，应当多动些脑筋，用间接的方法将他引向睡床。如对他说：“你要不要洗个泡沫澡？”洗泡沫澡是孩子喜好的一项活动，给他丢一些玩具在澡盆中，温水一泡困意便会显现，规定好在水中玩耍的时间，一出澡盆便顺理成章地可以上床睡觉了。

有时候，孩子情绪不好不是因为睡眠不够，而是因为过剩的精力没有得到足够的发泄。如一天都在房间里转来转去，没有同小朋友一起尽情地玩，因而总是来“骚扰”父母。父母可能正想抓紧时间做些事情，但在这种情况下，明智的做法是暂时放下手中的事情，全心全意地与孩子玩一会儿，让他心满意足，这样才能有机会真正回到要做的事情中去。

对于难管教的孩子，父母常常会感到恼火、费解，甚至愤怒，因为孩子不肯服从家长的教导，甚至是“我偏偏要这样做”的有意逆其道而行之。要想引导孩子，首先要懂得孩子为什么要这么做。任何人做事都是有目的性的，即使他本人有时并未意识到这一点。孩子从一出生就在探索能使他获得归属感与重要感的手段。对能使他感到有一席之地的行为，孩子会不断重复，而使他感到对寻求归属感无所帮助的行为却很快被放弃，获取注意力，展示权威、报复及自暴自弃都是与寻求归属和重要感有关系的。孩子们认为，注意力和展示权威有利于寻求他们的归属感和重要感。报复使缺乏归属感、重要感的孩子得到一种心理上的补偿，自暴自弃是对自己失去信心的孩子的唯一选择。

只有当我们正确地诊断孩子的行为动机这种病根，才能采取有效的方法对孩子进行正确的教育与引导，从而用正确的手段实现自己的根本目标。孩子同样的举动可能出于不同的动机，如孩子不肯吃饭，可能是想让父母照顾他，可能是想引起注意，也可能是向父母显示他的权利，究竟是哪一种动机则要据情况而定。

从大人本身对孩子举动的感觉也可以得出些线索。大人若感到恼火、内疚，孩子的目的很可能是得到注意力。若感到自己的家长地位受到挑战，或对孩子的驱动遇到失败，感到愤怒，孩子很可能是为了与你竞争权威。当你的感情受伤、失望，孩子很可能是为了报复，若你对孩子的行为感到无可奈何，没有办法激励他，孩子可能是处于一种自暴自弃的心态中。这里所讲的感觉往往不是父母的直接感觉，当孩子不听话时，父母最直接的感觉是“恼火”“气愤”“不知如何是好”，而并未意识到自己更深一层的真实感觉。只有进一步检查自己的心灵深处或试图制止孩子的不听话行为时，才能识别体会到真正的感觉，从而帮助辨别孩子的动机。

很多孩子的家长习惯于用批语、惩罚、说教和痛苦来使孩子变好、不做错事，其实鼓励才是最有效地帮助孩子克服捣乱行为的方法。

对不同目的引起的行为，我们可以采用如下方法。

1. 寻求注意型

给他们机会做自己的助手，使他们感到自己是团体的一个成员。多花一些时间与孩子在一起，理解他的渴望，经常向他表露自己对他的感情，如拥抱、抚摸等。

2. 显示权利型

同孩子讨论问题，寻求双方都接受的解决方法，给孩子留有选择的余地。

3. 寻求报复型

避免对他们的行为做出强烈的反应，以免陷入与他的抗衡，失去控制，待平静后再解决问题。

4. 自暴自弃型

从根本上鼓励他们的信心，表现对他们无条件的爱。

小海龙是3个孩子中最安静的一个。其他两个都比较顽皮，占用了爸爸妈妈的很多时间和精力。爸爸妈妈忙于打发这两个调皮孩子，往往已没有时间和精力顾及海龙。一段时间以后，海龙不安起来，全家人在一起用餐，海龙却常常去了厕所或在餐桌上玩东西，有时吃饭注意力不集中把汤匙弄到了桌下或把饭菜洒到了桌子上，孩子们都在安静地写作业，海龙却神不守舍地走进走出，爸爸妈妈一顿教训，小海龙唯唯诺诺地认错，转天还是老样子。

小海龙是个好孩子，没有给家长惹麻烦。但爸爸妈妈对小海龙的冷落使小海龙心理上感到不公平，从其他两个孩子身上，小海龙得出结论是，只有给父母制造些麻烦才能引起父母的注意，从而找到自己的归属感和在家庭中的地位，于是他制造了一系列的“事件”，果然引起了父母的注意，这样更坚定了他找麻烦的立场。父母的训斥在他看来是预料之中的事，他当然不会在意自己的继续发挥和故技重演。如果能够认识到孩子行为的动机，父母应停止对孩子的举动给予任何注意力，让他活跃一阵，他达不到预期的效果，自然就会放弃这种对他来说不自然的举动。不过为了避免他另想办法，从根本上解决问题，父母还是应对孩子表示一样的赞赏与关心，使孩子得到应有的注意，这样孩子的心理平衡了，问题自然会迎刃而解。

总之，孩子是不会“无理取闹”的，如果闹起来，总是有他的原因。我们做父母的如果肯用心考虑一下，不难找出根源。懂得了孩子“闹”的原因，自然也就容易找出“对付”的办法。

用自然结果法解决与孩子的冲突

父母箴言

我们不应该再像过去那样要求孩子绝对服从。对孩子不是施加压力和逼迫，而是引导和影响，不是让孩子服从我们，而是服从社会规范，不是用惩罚来制服孩子，而是让结果来引导孩子。

5岁的吉米每次吃饭时不是看电视，就是正玩得高兴，总是不来吃饭。气得妈妈要打他几下。但有时刚刚揍完，他泪痕未干，就又东张西望不好好吃饭，或者只是这顿好好吃，下顿又不按时吃。妈妈为难了，端着盛好饭的碗束手无策。

妈妈总是想要告诉吉米：“让你吃饭你就吃。”而吉米的行动却告诉妈妈：“我想什么时候吃，就什么时候吃。”

如果我们采取强迫手段一定要孩子吃饭，孩子就会反抗，互相对抗的结果会变成我们在鼓励孩子反抗。如果妈妈和孩子天天较量，这种关系就很难改变。我们不妨用自然结果法来解决这个问题。如果叫了吉米两声，他还不来按时吃饭，等大家用完餐后，就把饭菜收起来，不再给他吃。如果他再来要零食，要喝牛奶、吃儿童饼干，则坚决不给，要吉米等到下顿饭一起吃，就这样坚持下去。吉米饿了，又不能吃零食，下次就会按时来吃饭。我们的态度应很明确：“吃饭是自己的事，你不来吃，就只有饿肚子。”

在各类撤退方式中，妈妈们喜欢用的一种技巧是躲入洗手间，通常洗手间里设有梳妆台，再准备一些书，因为洗手间是最私人的地方，躲入这里便是挂起了“请勿打扰”的牌子，如果在里面再装上一个收音机，挡住从外面传来的吵闹声，这里可以说是最理想的撤退场所。

5 岁的珍珍要妈妈带她去儿童游艺室，妈妈解释自己正在准备晚餐，等一会儿爸爸回来再带她去，现在可以先看一会儿电视或其他事情。珍珍安静了一会儿又回来找妈妈，提出同样的要求，说她等爸爸已经等不及了，妈妈说：“爸爸已经在路上，快回来了，等爸爸一进门就带你去。”“我不想等，我要现在就去，我不管你现在正在干什么。”看样子珍珍要闹一场了，这种情况以前也出现过。妈妈一看苗头不对，摘下围裙来到卫生间将门关上。任珍珍在外面又吼又叫就是不予理睬，“开门，让我进去！”“我要方便一下，不要吵！”说完妈妈便不再说话，任珍珍在门外敲打，最后珍珍说：“妈妈你出来，我不闹了，我等爸爸回来。”随后没有声音了，又过了一会儿妈妈开门出去，见珍珍正在自己的房里画画儿，她抬起头看了妈妈一眼，妈妈赞许地冲她笑了一下，转身回到了厨房。

用坚决的行动制止孩子的胡闹

父母箴言

有客人在场，不能花时间教育孩子，也不能当着客人发太大的脾气，而孩子又不懂自重，令大人十分尴尬。就要用最坚决的行动，低缓简明的话语，制止孩子的胡闹。

妈妈和爸爸正在客厅里陪客人聊天，马东来到客厅看了一眼，在父母的暗示下离开了。

一会儿马东又返回客厅，让妈妈给他的作业签名，妈妈照办了。不久马东又回来说明天要上游泳课，要妈妈准备游泳衣，妈妈告诉他在哪里能够找到。马东走了一会儿，又进来说找不到，要妈妈去找。“马东，等晚上妈妈再给你找，妈妈有客人。”“不，我现在要！”妈妈很有些不好意思，但当着客人的面又不便发作，于是道歉，起身带马东离开了客厅。

“马东，你若想在客厅听大人谈话，可以找本书在客厅里一边看，一边听我们聊天，但不许说话，也不要生出什么事来打扰我们。不然，就待在自己房间不要再到客厅里来，你看怎么样？”“好的，没问题。”马东高兴地与妈妈回到客厅。但是5分钟后，马东就开始忘记妈妈的话，很冒失地插起话来，使谈话变得很困难。妈妈没有再说什么，站起身拉住了马东的手，将他领出了客厅。

在过道里，妈妈轻声但严肃地对马东说：“看来你更愿意回自己的房间去，去吧!”马东自知无理，便上楼回到了自己的房间。

有客人在场，不能花时间教育孩子，也不能当着客人发太大的脾气，而孩子又不懂自重，令大人十分尴尬。就要用最坚决的行动，低缓简明的话语，制止孩子的胡闹。

第三章

让孩子学会生存、敬人

培养孩子对父母的尊重

父母箴言

孩子与父母的关系，会为他对所有其他人的态度打下基础。父母与孩子的关系，是孩子拥有的最初、最重要的社会影响，孩子在这一关系中所经历的瑕疵和困惑，将在他以后的生活中不断出现。

美国詹姆斯·杜布森博士在《孩子管理法则》一书中，针对孩子的挑衅行为，提出了重要的寻找疼爱和管束之间平衡的五条原则。如果当你的孩子 10 岁时你想要他接受你的价值观，那么必须在他更小的时候就得到他的尊敬。如果一个孩子在 15 岁以前就能成功地否定父母的权威，当着他们的面嘲笑和坚决反对他们的权威，那么他就会形成对他们的天然蔑视。

“又老又笨的爸爸和妈妈！我可以随意摆布他们。当然他们很爱我，可是我真的认为他们很害怕我。”一个孩子可能不会说出这些话，但当他以机智胜过他的父母，在公然的反抗和争吵中获胜时，他都会想到这些。以后他可能会以更加明显的行为表达他的无礼。如果他认为他的父母不值得他尊敬的话，他可能会反对他们的原则和信仰中的任何东西。

不要让孩子沉溺于物欲之中

父母箴言

当一个强烈的愿望满足时，快乐就产生了。如果没有需求，也就不会有快乐。一杯水，对一个快要渴死的人来说，比黄金还宝贵。不给孩子缺少某种东西的机会，他永远也享受不到获得喜悦的快乐。

“妈妈，我要买一盒小彩笔。”

“家里不是还有吗？”

“已经旧了，也不全了。”

“笔有什么旧不旧的呢？只要能用。为什么会不全了呢？是不是没有用心收好？没有收好自己的东西是你的责任。丢了笔，只好凑合着用剩下的了，下回就知道收拾东西了。”

“妈妈你真抠门儿，要是爷爷早就给我买了。”

“我不认为省钱就是抠门儿。省钱是对的，省下钱可以买其他有用的东西，而且不浪费东西，也可以节约资源，好处很多，为什么不省着点呢？”

这是一个富裕家庭的妈妈与孩子在收款台前的对话。随着生活水平的提高，人们都渐渐“大方”起来，尤其是对孩子。更是大有“千金散尽还复来”的味道。曾几何时，花钱“大方”成了“爱”孩子的标志。这里不仅仅是孩子的问题，父母的思想也存在误区。

在贫穷的时代，我们有“小小针线包，革命传家宝”的优良传统，我们的孩子也都懂得父母所讲的道理，但是，今天我们富裕了，怎样对待孩子的物质要求？怎样培养孩子节省的意识？可以说，节俭是一种美德，无论是贫穷的年代还是富裕的时代，我们都应当崇尚节俭。从小的方面看是为了居家过日子，从大的方面看是为了人类节省资源，无论从哪一个角度都应该理直气壮地崇尚节俭。

过去孩子从小就受到了这种教育，现在孩子也应当从小就受到这种教育，无论你的家庭是否富有，勤俭持家的传统不能丢。有些父母自己很节俭，对孩子却很大方，这是一种爱，却是一种极不明智的爱。现在的城市少年已没有多少孩子穿旧衣服。

对孩子来讲，教育他们省钱，主要看重在不浪费东西上。而有社会责任心的父母不妨更进一步，教育孩子为人类节省资源。

一位母亲曾讲了这样一个故事。她在听了环保讲座后对女儿解释为什么要节约用水。“因为我们城市的地下水位很低，气候又比较干燥，而用过的污水都被排水管道排到了大海，回不到地下水中，这样最终造成水源枯竭。所以我们每个人都要从自己做起，比如在淋浴时不要让水哗哗地流淌，自己去干其他事。”

从那以后，她经常听见7岁的女儿向她喊：“别浪费水啦，不洗就关上。”而当她用浪费水来提醒女儿时，女儿会一缩脖子，马上行动。她忽然觉得自己变得高尚起来。她的女儿也长大了许多。

是的，不只是这位母亲变得高尚起来，孩子更是如此。让她从小接受对社会负责的意识，长大才能成为有责任心的人，而有责任心的孩子是最容易接受道理的，从而避免了许多无益的纷争。

教育孩子节俭的美德，让孩子懂得不是要买什么就能买什么，当他们接受了这种观念，就会免除付款台前的尴尬。

美国詹姆斯·杜布森博士在《孩子管理法则》一书中提出的寻找疼爱和管束之间平衡的五条原则中，有一条就是不要让孩子沉浸于物欲之中。

他指出孩子对于贵重玩具的需求，是制造商通过上百万美元的电视广告所精心营造出来的。小消费者们在巨大的魔力面前张大嘴坐着，5分钟以后便能挑起一场战争。当同街区其他三个孩子得到了令人垂涎欲滴的玩具时，对此，妈妈和爸爸开始感到有压力，甚至有负疚感。

问题是爸爸经常能买得起新东西，用他很有“魔力”的信用卡。孩子为什么不能得到？孩子要什么买什么，便成了理所当然的理由。

一些人会问：“为什么不呢，为什么我们不能让孩子享受美好时光的成果呢？”当然大家并不否认，对男孩们和女孩们所渴望的东西，应该有一个合理的购买量。但是许多孩子被对他们有害的奢移行为所湮没了。繁荣富足比艰难不幸对人的品格提出了更大的考验。

让孩子感到无论他想要什么、无论什么时候想要，他都有权得到，没有什么比这更能抑制孩子对父母的感激之情了。观察男孩或女孩在生日晚会或圣诞节打开礼物的情景，是很有启发意义的。贵重的礼物只被看了一眼就一个接一个地丢到一边去了。孩子的冷淡和不欣赏使母亲很不舒服，于是她说“噢，孩子！看这是什么？是一台小录音机！你要对奶奶说些什么呢？给奶奶一个紧紧的拥抱吧！你听到我的话了吗，孩子？”

孩子可能会或者也可能不会对祖母说几句感激的话。他的冷淡源自这样的事实，即凡是容易得到的东西都没有多少价值，而无论买主当初花了多少钱购买。

孩子们竟然会对他想要的某些东西不屑一顾，还有一个原因。尽管听起来不可信，但当你给他太多东西的时候，你实际上是在骗取他的高兴。

当一个强烈的愿望满足时，快乐就产生了。如果没有需求，也就不会有快乐。一杯水对一个快要渴死的人来说，比黄金还宝贵。这一原理显然可以适用于孩子。不给孩子缺少某种东西的机会，他永远也享受不到获得它的喜悦。如果你在他会走路之前给他买三轮脚踏车，在他会骑车之前给他买自行车，在他会开车之前给他买汽车，在他知道金钱的价值之前给他买钻石戒指，他会带着很少的快乐和更少的感激之情收下它们。这样的孩子是多么不幸啊！他永远没有机会去渴望一些东西，晚上梦到它，白天计划着它。本来他甚至有可能下决心为了得到它而工作。通过渴望而得到的同样的东西，可能成为战利品和宝贝。我建议你让你的孩子品尝暂时失去的感受，这更加能使孩子懂得许多道理。

要让孩子成为一个有教养的人

父母箴言

一个素质高、有教养的人，必定有良好的文明礼仪。这样的人谈吐文雅、有风度、被人尊重、受人欢迎，有利于打开局面，建立和谐的人际关系，发展事业。

“少成若天性，习惯成自然。”文明礼仪要从小培养，形成良好习惯。有些家长认识片面，对培养孩子的文明礼仪习惯不够重视。一些家长认为，现代社会讲个人自由，懂不懂文明礼仪没关系，只要学习好、有本事就行了。这些家长需要留心一下周围人物，注意一下大众传媒，事业有成的人有几个不懂文明礼仪？

现代社会的确尊重个人的选择，自由度大了，然而对人的文明礼仪要求更高，因为文明礼仪是社会文明程度的重要标志。现代社会大雅之堂越来越多，家长不会愿意孩子成为难登“大雅之堂”的人。一些家长认为，小孩子天真无邪，想怎样就怎样，长大了就自然懂得文明礼仪了，这也是误解。一方面，孩子从小不培养好习惯，就必然形成坏习惯，坏习惯形成了，再改就很难。想一想，现在有些孩子说话没大没小，家里来客人不懂礼貌，饭桌上挑挑拣拣旁若无人，浑身汗味不洗，指甲老长不剪……这些孩子如果不教育、不矫正，会在某一天早上突然变个样吗？另一方面，在孩子小时候培养文明礼仪习惯，与孩子天真无邪的表现并不矛盾，越是懂礼仪的孩子，越能获得自由发展的广阔天地，因为他是受人们欢迎的人。对此，学校已形成学生行为规范供我们作依据或参考。这里就比较重要的礼仪做些说明。

1. 个人礼仪

个人礼仪包括仪容仪表、仪态举止、谈吐、着装几个方面。

从仪容仪表说，主要要求整洁干净，脸、脖颈、手都应洗得干干净净。头发按时理、经常洗，指甲经常剪。注意口腔卫生，早晚刷牙，饭后漱口，不能当着客人面嚼口香糖。经常洗澡、换衣服，消除身体异味，有狐臭要搽药品或及早治疗。从仪态举止说，主要从站、坐、行以及神态、动作提出要求，古人对人体姿态曾有形象的概括："站如松，行如风，坐如钟，卧如弓。"优美的站立姿态给人以挺拔、精神的感觉，身体直立、挺胸收腹、脚尖稍向外呈V字形，忌讳无精打采、探脖、耸肩、塌腰。正式场合不能叉腰或双手交叉，坐姿要求端正挺直而不僵硬，不能半躺半坐，两腿间距与肩同宽，不能叉开，双手自然放在膝或扶手上，大方得体。走路要求挺胸抬头，肩臂自然摆动，步速适中，忌讳八字脚、摇摇晃晃，或者扭捏碎步。表情神态要求表现出对人的尊重、理解和善意，面带自然微笑，忌讳随便剔牙、掏耳、挖鼻、搔痒、抠脚等不良动作习惯。从谈吐方面说，要求态度诚恳、亲切，使用文明用语，简洁得体，不能沉默无言，也不能自己喋喋不休，要认真倾听对方讲话，交谈时忌讳东张西望，翻看其他东西。交谈人多，不可只跟一人谈话而冷落其他的人。从衣着方面说，要求干净、整洁、合体，忌讳皱皱巴巴。

2. 公共场所礼仪

公共场所礼仪包括走路、问路、乘车、购物、在影剧院等方面。走路除了注意体态、姿势之外，要遵守交通规则，遇到熟人要打招呼，互致问候，不能视而不见。如见到熟人需要交谈，应靠边儿或到角落谈话，不能站在道路当中或人多拥挤的地方。行人互相礼让，青年人主动给长者让路，健康人主动给残疾人让路。向别人打听道路，先用礼貌语言打招呼，如“对不起，打扰您一下”“请问”等，年轻人问路应选适当称呼，如“老爷爷”“阿姨”“叔叔”等，然后再问路。听完回答之后，一定要说：“谢谢您！”如果被陌生人问路，则应认真、仔细回答，自己不清楚，应说：“很抱歉，请再问问别人。”到商店购物，不可以“上帝”自居，要用礼貌语言，忌讳用“喂”“嗨”等字眼，购物之后也应说“谢谢”。在影剧院里，不能大声喧哗，不能乱扔纸屑、果皮，尽量提前一点儿到场、入座，如果迟到，入座时走姿要低，速度要快。观看演出，要尊重演员，适时礼貌鼓掌。演员谢幕时，不能提前退场。乘坐公共汽车、火车，人多拥挤，要照顾老人、小孩和残疾人。人与人之间互相挤撞，不要恶言恶语，要抱理解、宽容态度。要保持车上卫生环境，不乱扔东西，学生上车不要抢座。

3. 待客与做客礼仪

家中来客人，要事先有所准备，把房间收拾整洁。中小学生也要学会以主人身份招待客人。迎接客人进屋，帮助客人放衣物，请客人在合适的位置落座。问客人喝什么饮料，主动送上。要双手呈接物品。要主动、大方地与客人交谈。客人要走时应礼貌挽留，说“您再坐一会儿”“再喝杯茶吧”等。要送客人一段距离，说“再见”“欢迎您再来”。

去亲友家做客要仪表整洁，尽可能带些小礼品，以表示对主人的尊重。在亲友家，不能大声大气，要谈吐文明。不经主人允许，不可随意动用主人家里的东西，即便是至亲好友也应先打招呼，征得主人同意。如果在主人家用餐，要注意用餐时的礼仪。不能抢先入座，不能先动食品。要请长辈先坐下，长辈动筷后再动筷子，双肘不能放在桌子上。饭后，坐好略陪大家一会儿，或者说：“我用好了，请慢慢用。”然后再离座去别的房间休息。告别时，要说感谢的话，如“今天真高兴”“欢迎到我家去”。

家长要提高自己的礼仪意识，如果自身不重视礼仪，就无法教育培养孩子。礼仪就表现在生活之中，只要家长重视，以身作则，随时说明要求，按要求去坚持训练，发现孩子有不讲文明礼仪的行为，及时指出并当时改正，这样就能逐步培养起孩子的文明礼仪习惯。

矫治孩子懦弱的方法

父母箴言

性格懦弱的孩子，尽管思维能力和才华与其他孩子一样，但由于这种性格缺陷，致使孩子不能参与竞争，不能适应激烈的社会生活，长大以后，在事业和社会适应力方面都会遇到很大困难。

孩子性格懦弱的原因，主要有以下几方面。

1. 过分保护

由于家长溺爱，怕孩子吃苦受累，怕孩子磕着碰着，不让孩子做力所能及的事情，把孩子保护在一个绝对安全的状态之下，使其从来没有受过外界的刺激和打击，也没有学会如何自我保护。自然，这种孩子很容易变得懦弱。

2. 过分严格

在过分严格的家庭教育下，由于孩子面对家长的强大压力，无法逃避，便习惯于对紧张刺激做出被动消极的反应。随着时间的推移，孩子在父母面前的屈从，就可能发展为在别人面前的懦弱。

3. 不良暗示

长辈的不良暗示也可造成性格懦弱。一个雷雨交加的夜晚，孩子安静地睡在妈妈身边，妈妈听到雷声，看到闪电，惊慌地把孩子从床上抱起。孩子从妈妈惊慌的动作中，产生了对雷声、闪电的惧怕，甚至从此再也不愿一个人在小房间里睡觉，这就是家长不良暗示对孩子产生的影响。

4. 表扬不当

表扬是对人的行为的鼓励和肯定，对心理起着强化的作用。对儿童不适当的表扬常可使其行为向不良方面定型。如在公共汽车上遇到一位男青年欺侮不敢作声的女学生，女孩事后对人说：“我小的时候，爸爸就常常夸我老实、听话，而且常常是当着亲戚朋友的面这样说。从此，我就慢慢失去了在陌生人面前抗争的能力，不会在众人面前哭喊，好像命里注定逆来顺受。”这个例子说明，不适当的表扬可使孩子向不良的性格方面定型，变得懦弱。

如何矫正孩子的懦弱性格呢？家长应力求做到以下几点。

1. 鼓励孩子接触社会

要纠正过分保护或过分严格的家庭教育。家长要有意识地为孩子创造外出活动及与人交往的机会，尤其是由祖父母、外祖父母带养的孩子，更应从家庭的小圈子里走出来。家长应经常带孩子到公园或其他公共场所去，让他们接触外界，认识社会，适应社会。家长还应带他们走亲访友，去各地旅游，以开阔他们的视野，丰富他们的知识，同时要鼓励孩子与小朋友们一起游戏玩耍，一起参加文体活动。

2. 鼓励孩子在陌生人面前大胆说话

性格懦弱的孩子大多不喜欢说话，更不善于争辩，尤其是在陌生人面前，大庭广众之中，更是如此。对于这样的孩子，家长应为他们创造条件，提供他大胆讲话的机会。比如孩子不敢在生人面前讲话，每当客人来时，家长就应该让孩子与客人接触，并求得客人的配合，让客人有目的地发问，一回生，二回熟。这样就可逐渐改变孩子的懦弱性格。此外，家长可多为孩子提供独立思考、表达自己意见的机会，遇到事情，多问孩子："你看怎么办？"如果孩子说得对，家长应该赞赏，给以鼓励，使孩子获得自信和勇气。如果孩子说得不对，或表达得不确切，也不要责怪孩子，不要让他感到难为情。家长应指导孩子，让他自己思索为何说得不对。这样，可不断提高孩子说话的能力，改变孩子懦弱的性格。

3. 鼓励孩子独立做事

有些性格内向的孩子只想同自己熟悉的人相处，而与不熟悉的人打交道时，会产生一种潜意识的惧怕感。有些孩子已经上了初中，家长让他们到外面去买点油盐酱醋，他们都不愿意。因此，家长应注意从小培养孩子处事办事的能力。例如，家长可有目的地交给孩子一些可以独立完成的任务，限定时间完成。如果遇到困难，家长可帮助他克服，给以必要的指导、鼓励。当孩子完成时，应立即表扬，使他树立信心。家长也可以和学校的老师联系，请求老师让自己的孩子在班上当个小干部，担任一定的社会工作，以提高孩子的交际、处世能力。

4. 培养孩子的勇敢精神

性格懦弱的孩子最大的特点就是“怕”字当头，不管遇到什么事，第一个反应就是“怕”，怕这怕那。因此，消除“怕”字，让孩子大胆显示自己，是摆脱懦弱的重要手段，而反复实践、让孩子在锻炼中培养坚强的性格则是重要途径。所以，培养孩子坚强性格要从一点一滴做起，时时事事想到对孩子性格的影响。

让孩子学会自我保护

父母箴言

人们在未受到外界生死存亡威胁时，似乎感受不到生命与保护生命的重要。但真正遇到危险时，却又缺少实际的自我保护措施。

曾经在一个十分繁华的商场发生过这样一件事：有3个十四五岁的学生放学后到商场里闲逛，遇到了几个不三不四的成年人，其中有一个人上来对走在后面的一个学生进行勒索，并用刀子相威胁。走在前面的学生回头看见了就返了回来，周围也围了几个人。勒索者见人多了就说："算了，算了，走吧。"学生也把拿刀子的人放了。勒索者见学生们还不紧不慢地往前走，就又返了回来。两个学生跟他理论，暂时稳住他，另一个学生跑去报了警，警察及时赶到，才未酿成大祸。事后，有人称这学生为自我保护英雄。他们的自我保护意识到底如何呢？

记者问："歹徒威胁你们时，你们是被动的，是受欺负的，你们为什么不呼救？"

学生们答："没想起来。"

记者问："歹徒第二次返回来再次威胁你们，你们为什么还不呼救？"

答："周围有那么多人在看着我们都不管，喊也没用。"

错了。只要喊一声"救命"性质就不一样了。你不喊，人们还以为是两个流氓在斗殴，人们在看热闹。你喊了，人们就会明白，流氓在欺负赤手空拳的孩子，就会引起巡逻警察的注意，毕竟是繁华的地方，歹徒也胆怯，情况就会完全不一样。

在学校有一种自我保护课，就是专门练习遇到危险时呼喊"救命"的。开始90%的人喊不出来，为什么？怕别人笑话，在虚拟的环境中尚可以这么解释，那么上述3个学生都遇到生命危险了，为什么也喊不出来呢？第一他们根本就没有想起来，第二他们没有受过这种训练。

孩子们或许看美国电影《小鬼当家》看得太多了，把犯罪分子的智商估计得太低了，把自己的智商估计得过高，觉得自己就是智多星。平时，道理都明白着呢，但一遇事，就什么都忘了。说起来头头是道，做起来一塌糊涂，不知从何做起。认识和行为形成极大的反差。现实生活毕竟不是文艺作品。犯罪分子正是利用了孩子们的这些弱点，才屡屡得手。

陌生人敲门开不开?

如果你随便问一问，学生们都会说："决不开门!"

在实际生活中，这些学生又是怎样的呢?

第二天老师随访了3个学生。结果是敲一家，开一家。

青少年容易受到伤害，有时看似一种偶然，但实际上是一种必然，是有多种因素造成的，但其中一条是教孩子自我保护意识时，重说教，轻演练。要在真实情景的环境下进行实际演练，他们可能会感到在无助的情况下，生命是多么脆弱，从而激发他们潜在的能力，学到从说教中学不到的东西。再遇到坏人，心里就有底，不再觉得那么无助，那么慌张。再乘公共汽车，若有居心不良的人在旁边蹭来蹭去时，就知道怎么对付他们，保护自己。当生命受到威胁时，才知道怎样发出最关键的一击。

对生活热爱，就会真心关注自己的生存环境。现在大家对环境越来越重视了，是因为黄沙一次次地向我们袭来。安全环境也一样，生活中各种危险也会随时向我们袭来。若有了这种意识，就会想很多的办法，采取一定的措施。

自我保护教育实际上也是一种素质教育。人从出生起，面临的最低需求就是生存。人们在未受外界自然、刑事犯罪分子侵害，没有面临生与死的威胁时，似乎感受不到生命与保护生命的重要性，而当真正遇到危险时，才会意识到，生命以及如何保护生命是多么的重要。

生活是美好的，但生活中也处处存在危险。

据有关部门调查统计：1997 ~ 1999 年，全国 0 ~ 14 岁儿童少年非正常死亡人数，平均每年都在 16000 人左右。用这个数字除 365 天，相当于每天都在消亡一个教学班。这里面排在第一位的是交通事故，90% 以上的交通事故是由于人的交通意识，也就是主观认识上的偏差造成的。

研究人员有项调查发现，60% 的事故是发生在家里，或者在家的周围。家是人过日子放松的地方，往往更容易出问题。比如前一段时间接二连三地有小孩从楼上掉下来的事发生。另外，还有小孩掉进附近的臭水沟淹死的事。如若父母早有良好的保护意识，就不会发生这种事情了。

进入青春期的少男少女，他们觉得自己大了，不再需要父母带着外出了，能独立到商场、活动场所了。可是，别看他们的身体发育已接近成年人。父母不仅应有自我保护及保护孩子的意识，还应教给孩子一些自我保护的常识。

1. 注意获取感觉

在紧要关头，应该相信直觉。父母不仅要告诫孩子留神从接触的人或事中获取不安的感觉，还要注意倾听，鼓励孩子讲出他感觉不安的人和事。

2. 学会识别诱惑

平时，家长应告诉孩子，对于陌生人问路或请求协助寻找丢失的宠物之类的事应保持警惕，这是犯罪分子诱拐儿童的两种普遍的策略。如有的罪犯装作认识你，叫出你的名字；有的罪犯自称是消防人员，编造你家房子着火的紧急情况，等等。父母应告诉孩子，任何人甚至是警察和消防员，在未得到孩子监护人允许的情况下，都不能将他们带走。

3. 不要只关注陌生人

父母要经常叮嘱孩子“不要跟陌生人说话”。什么是“陌生人”？孩子并不一定真正懂得，若让孩子画出陌生人的面孔，一般他都会画出一个可怕的面孔。其实，想侵犯孩子的人一般都会装出一副和蔼可亲的面孔。

据有关方面调查，对儿童进行性犯罪的嫌疑人中，90% 是儿童认识的人。家长应特别提醒女孩儿不要单独外宿或跟异性到任何地方。

4. 要学会大声呼叫

小孩子身单力薄是很难打败罪犯的，但是孩子却能做许多吸引周围人注意力的事情，比如大声呼喊：“救命！他不是我的爷爷！”骑自行车的儿童可以利用自行车为掩护物，让罪犯难以将你劫持走，同时大声呼救，这样会引起围观者的注意和警惕，争取得到其救助的可能。

5. 要勇敢地说“不”

每位父母都想培养一个有教养的孩子，但也应让孩子知道，什么时候可以打破常规。比如，有人威逼孩子做危险的事时，要勇于说“不”！

6. 让孩子尽情倾诉

在日常生活中，父母与孩子要经常交流。如果孩子对某人有所不满，家长不要简单地说，不许说某人坏话，而要和孩子一起予以分析，这样孩子才能畅所欲言。一旦他遇到不如意的事，或有人骚扰了他，孩子能够向他信赖的人尽情倾诉。孩子知道有人时刻在关心着他，就能减轻心理压力，减轻心理伤害，并能及时让坏人得到应得的惩治。

7. 明确不可触摸的地方

孩子到了四五岁，家长就应向孩子说明泳衣遮盖的部位是个人隐私区，任何人都无权接触。即使是医生做检查，也应要求监护人在场监督，这是儿童的正当权利。

8. 能帮你的人很多

遇到麻烦找警察，是最基本的常识，但仅此还不够。假如警察不在附近，孩子就不会求助任何人。还应让孩子知道，公园、商场、电影院等地方的工作人员都可以求助，多一个机遇就多了一个生存的希望。

9. 无论家里有没有计算机，家长告诉孩子注意电子领域的安全事项也非常重要

孩子可能在学校、图书馆或同学的家里使用因特网，因此，应告诉孩子要注意保守家庭及个人的一些秘密，不轻易约见网上结识的任何人。

10. 在游戏、演练中增强自护自救本领

仅跟孩子讲述一些自护自救的方法是远远不够的，说了当时可能记住了，过后一会儿就忘记。唯一能使孩子掌握的途径是通过角色游戏和演练。经过多次演练就能领悟要领。在家庭游戏中父母可设计多种可能发生的环境，向孩子提出问题，测试他们的反应能力。同时还要演练父母和孩子之间如何保持通信联络的内容。

在日常生活中，人们不免会遇到一些紧急情况。当遇到危害时，及时正确地报警是首要环节，一旦报警出现失误，不仅会使公安机关失去战机，而且还会使受害者受到更大的损失。因此作为家长不但应该熟练掌握常用的报警、急救方法，还应该教会孩子正确使用这些方法和注意事项。

1. 遇事拨打“110”

“110”是警方为了更及时地打击犯罪而设立的报警服务台，全天候接受公民的报警求助。打“110”是最快捷的一种报警方式。

2. 报告主要内容

发现、发生案件的时间、地点，现场的原始状态，有无采取措施，犯罪分子或可疑人员的人数、特点、作案工具、车辆情况(色、车型、牌号等)、携带物品和逃跑的方向，等等。打“110”报警时还要讲清你所在的位置、使用的电话号码、联系方式。

3. 就近迅速报警

如果你我身边没有电话，或者遭到侵害危急，要到距自己最近或最方便的公安机关报警，也可以向巡逻、交警求助。这样既可以节省时间，也便于警方出击。

4. 灵活机动报警

万一你遇到歹徒的袭击，无法自己报警，或因行动不便，要及时委托家人或周围的人报警。对一些非现行案件，也可以通过书信形式报警，注意书信内容要真实，字迹要清楚。

5. 及时医治身体伤害

如果你遭受到不法侵害且伤情十分严重，在请他人报警的同时，可以先及时到附近的医院就诊，要注意保存好病历、各种辅助检查 (如 X 线、CT 检查等) 的结果，及时报告公安机关。

6. 准确提供物品损失情况

说明是什么物品、它的颜色和形状如何及损害程度如何，陈述得越详细，对破案越有利。如果你被盗抢的是移动电话、寻呼机或存单、存折等物品，要及时到有关部门办理停机手续或停止呼出手续。

7. 正确保护现场

报警完毕后，被侵害人或目击者应当在现场等候民警的到来。对一些杀人、抢劫、盗窃等案件现场，还要及时采取保护措施，在民警到来之前，除搭救伤员外，不让任何人进入。

注意事项：教育孩子不得在没出事的情况下因为好奇或好玩而随意拨打上述几个特别重要号码或虚假报案，否则是要承担相应的法律责任的。

为了能及时掌握未成年孩子的情况，在紧急的情况下要与有关亲友、学校、派出所、急救站等方面取得联系，作为监护人的家长应当常备一些必要的联系电话，以便应急使用。

第四章

让自信陪伴孩子成长

不要打击幼儿的自信心

父母箴言

我们相信孩子长大后，是能干成事的。但现在还小，所以不允许孩子用天生的主动性和好奇心去发现自己的能力，而且怀疑他们的能力、给他们泼冷水，其实这很大程度限制了他们的发展。

我们一心想让孩子成为最出色的人，却不允许孩子们用不同的方法去发现自己的能力，而是怀疑他们的能力，限制他们的发展。当 4 岁的孩子要帮妈妈包饺子时，父母们经常夺过孩子手中的面饼：“小宝贝，你会把面粉弄得满身都是的。”为了不使面粉弄脏孩子的衣服，结果使孩子的自信心破碎。孩子们努力去发现自己的长处和能力，他们总想试着干这儿干那儿，好奇心驱使他们一次次地接受挑战，他们会跟在大人身后，你做什么，他就去做什么。我们却泼冷水。当 4 岁的孩子自己穿衣服的时候，我们说“穿错了，穿反了”。当他们自己吃饭时，我们说“看你把衣服弄得多脏”。我们把勺子拿过来，喂他吃。当孩子要洗碗时，我们说“别把汤勺打碎了”。当他们要帮我们拖地时，我们说“算了，你还小，你会把自己弄得水淋淋的”。我们把拖把夺过来，让他们茫然地瞅着，我们自己拖。就这样，我们让他们看清楚了自己是多么的“不行”，我们是多么的“能干”。我们开始认为孩子们弱小，然后又怀疑他们的能力。我们并不知道我们做的这些事正在打击着孩子们的兴趣和积极性。

我们相信孩子长大后是能够干成事的，但现在还小，所以不需着急。我们忘记了从他们出生后，我们就急切地盼望着他们能跟我们笑一笑、挥一挥手，不厌其烦地教他们喊妈妈爸爸。我们就是在鼓励他们学习、行动。那时候我们还有耐心、有意识，因为这里面有娱乐成分，而且说笑都不会给大人带来麻烦和干扰。一旦他们的行动给我们带来干扰与麻烦，我们就宁可等一等，等到明天再做。孩子们有天生的主动性，他们从很小就认为自己能干一些事情。如果孩子总是跟在妈妈身后叫着“我要浇花，我要打鸡蛋，我要洗盘子，我要打扫屋子”，而妈妈却永远回答“宝贝，你太小了，去玩玩具去吧。去看电视去吧”。当孩子 10 岁的时候，妈妈说：“孩子，来，帮妈妈把洗衣机里的衣服取出来，放在甩干桶里。”孩子可能会说：“妈妈，我忙着玩游戏机呢”或者说，“先等一等”。结果一天过去了，他还是没做这件事，或者他会很奇怪，这种事情，干吗非扯上我……而父母还没明白，就是他们把孩子教育成这个样子的。

接受鼓励是孩子成长的重要内容

父母箴言

当一个幼儿来到这个世界，他们常会感到束手无策，会发现成人的世界好精彩，而自己的能力却好无奈。在这种时刻他们最需要的是鼓励，也是我们能够给予孩子的最宝贵的支持。

鼓励是养育孩子最重要的一面，每一个孩子都需要不断地鼓励。当一个幼儿来到这个世界，他们常会感到束手无策，会发现成人的世界好精彩，而自己的能力却好无奈，连走路这样简单的事，都要慢慢学来，这是多么严酷的现实啊！尽管如此，仍然有勇气进行各种尝试，以使自己适应、融入这个世界。孩子们就是在这种一无所有的情况下，瞄准“万能”的成人世界，开始万里跋涉的。他们从最基本的技能学起，希望有一天能自立，能够成为家庭、社会中称职的成员。在这种时刻，他们最需要的是鼓励，是战胜困难的信心和勇气，这也是我们家长能够给予孩子的最宝贵的支持。

但在生活中，我们往往忽视鼓励的重要性，常忘记鼓励、轻视鼓励。许多家长错误地认为孩子需要的是教育，而教育更多的是训导与惩罚。鼓励是什么，他们不了解，也不在乎。他们没有认识到，没有鼓励，孩子就不能健康地成长，没有鼓励，可能使孩子产生不良行为，并由此有许多打击孩子自信心的事情发生，甚至成年人在无意当中给他们设置了许多障碍，而不是帮助他们。我们这样做的根本原因是不相信他们的能力，并在我们的意识中已形成偏见。在一个孩子的成长过程中，接受鼓励而产生自信心是非常重要的成长内容，是我们父母应时刻关注的教养步骤。

小孩子要帮助大人干活是好事，干不好也是正常的，父母应该多加鼓励。让孩子学习做家务，本来就是父母教育孩子的一种手段，何况孩子乐意主动帮忙。所以，当孩子想做事的时候，作为父母要保护他们的积极性，鼓励他们并承认他们的能力。当然，孩子越帮越忙的事是难免的，也确实让父母感到麻烦，但父母只要花点心思，这个问题是能够解决的。

小孩子特别喜欢跟在大人后面“帮忙”，而事实上许多家务如拖地板、洗衣服等对他们来说太吃力，不切实际地让他们插手，显然只能越帮越忙。这时应该转移他们的注意力，引导其做一些力所能及的、以自我服务为主的事，如整理图书、系鞋带、叠衣服等。

我们还可以让孩子每天干好一件事。我们可以告诉孩子：“宝宝是个好孩子，知道帮妈妈做事。不过你现在还小，一下子做这么多这么复杂的事做不好，你每天只负责做一件事，把它干好，行吗?”孩子高兴地答应了，就要立即开始行动。比如让孩子干的第一件事是整理自己的小书桌，做了示范后孩子像模像样地先擦擦灰，再将零乱的物品放整齐，我们提醒他每天不忘记做，以培养他的责任感，很有效。一件事情做了一段时间，孩子做得熟练了，再替他换个新工作，让他有一个新鲜感，像每天餐前为家人放好碗筷、收拾全家人的鞋子等都是可以让孩子干的事情。孩子受到鼓励，乐此不疲，信守契约，隔一段时间给他换一件新工作，孩子就会在不断的劳动中学到很多新的技能。

我们许多人在小时候，都特别喜欢帮父母做事，可父母一方面嫌我们添乱，总是把我们赶开；另一方面他们又对我们极为关爱，处处照料周到，连自我服务的事也很少做。渐渐地，我们对做家务的事不再关心，也不想帮忙了。从小到大，从饮食起居到择业婚姻，无一不是父母包办代替。这使我们失去了许多磨炼的机会，常常被一种怯懦的情绪困扰，在生活中经常处于一种劣势，不知错过了多少宝贵的机会。

作为家长，我们常常有一种先入为主的观念，认为孩子到了某种年龄，才能做某种事情，否则的话，他就是太小，太缺乏能力，不能做这类事情。但是我们往往想错了，往往孩子在那个年龄那个时刻是可以做得很好的，而且他做得还会很有兴趣很有意义；但是我们却人为地推迟了他学会本领的时间，而且最关键的是我们的这种做法，会使孩子失去自信，怀疑自己的能力，减弱他们的进取心，以至于我们认为他们应该做某件事时，他们却早已失去了做那件事情的兴趣。这种消极影响将会对孩子的一生都有作用。

王平的女儿 4 岁了，他吸取自己的教训，2 岁起就鼓励她自我服务，虽然她洗脸洗成“落汤鸡”，牙膏一挤一大堆，吐口水吐到了自己的鞋子上，他还是快乐地告诉她：“宝贝真能干，让爸爸来教你，你会做得更好。”女儿的小嘴挺甜，学着她妈妈的样子说："我下次就会做好的，爸爸请你放心。"由于从小受到鼓励，女儿最快乐的事就是帮大人干活，有时大人到田地里干活，她也拿个小火铲一起挖土。大人做完一件事感到很累很高兴，她也会说，"今天好辛苦，不过你们的功劳也有我一份！"但有的时候，忙没帮上，还搞得家里一片狼藉。这时他和妻子宁可偷偷帮她修正，也很少责怪她或不让她插手。添乱是暂时的，只要孩子有兴趣，就一定会越做越好。

你可能会说，孩子最常发生的事就是看见大人在做事就想帮忙，你在洗衣服，他突然把手放进去搅拌一番，半截袖子也跟着浸在肥皂水里；淘米时，一不小心，他的泥巴手又来了。你也许会说："快走开，别捣乱。"孩子可能会为此而消沉，以后对家事变得不再关心，而等到父母想要孩子帮忙时，他早已没有兴趣了。事实上，小时候"牵手不动"的孩子，长大也不太会做事。所以父母想要使孩子成为一个能干的人，就要容忍孩子从"帮忙添乱"开始。

孩子刚开始尝试做事，不可能不犯错误。这时家长的态度对孩子今后的发展很重要，你绝不能让孩子脑中留下自己是个"笨蛋"的印象。因为这样会使孩子产生一种自卑心理，严重的会使孩子做什么都会感到自己无能而不想尝试，正确的做法是一件事情失败了只是说明孩子缺乏技巧，这种技巧只是因为父母没有很好地传授或孩子还没有学会。我们应该培养孩子有勇气去犯错误、去纠正和改正错误，敢于从失败中获取成功，从中获取自信和自尊心。这就要求我们不要讽刺他们，使他们受到不同程度的打击；当然，也不要过分赞扬他们，以免产生骄傲情绪，要使孩子始终充满自信地活着，同时我们还要不断地鼓励孩子的自信心。

你为何不把握具体情况，给孩子以实际指导，鼓励孩子使她由“帮忙添乱”成为真正的小帮手呢？她想洗袜子，你就从抹肥皂到过水手把手地教她；她想烧菜，你就请她到厨房教她先择菜；她想洗碗，你就先教她怎样使用洗涤剂或先洗一只，然后再逐渐增加……

此外，许多孩子之所以越帮越忙，很重要的原因是由于工具不合适造成的，成人用惯了的拖把、扫帚、抹布等工具，对孩子来说太大了，妨碍他们做事，结果才弄得越帮越忙的。欲善其事，先利其器，给孩子准备合适的工具，既是对孩子帮忙做事最大的尊重和鼓励。我们不妨到超市给孩子买来小扫帚、小簸箕、小拖把等做事工具，让孩子用起来得心应手，我们干家务活时，她也兴致勃勃地擦自己的小桌子小凳子，收拾自己的小床、抽屉，等等。凡事没有生来就会的，总是要经过不断的学习和摸索。我们应该多一分耐心，多一点儿宽容，恰当地引导，不但使孩子能掌握一定的劳动技能，同时还能培养起劳动观念、劳动习惯和责任感以及对父母辛劳的理解。

怎样锻炼孩子的勇气

父母箴言

孩子的胆量生来是不一样的。但在很大程度上，孩子胆量的大小是后天形成的。孩子的胆小，多是家长们故意渲染恐怖的苦果，而孩子变得胆大，在很大程度上是练出来的。

邻居家艾玲两三岁时是个很活泼的孩子，一见到大人总是在大人身边跑来绕去。现在她已经上小学了，可她妈妈讲，从幼儿园开始，艾玲就变得胆小怕事了，很难看到她脸上露出笑容。在学校，她见到老师同学都怯生生的，上课不敢发言，回答问题也总是低着头，声音小得只有她自己才听得到。因为胆小，不爱说话，她没有朋友，课间总是一个人躲在角落里。有时有调皮的同学故意招惹她，她也不敢反抗，只是悄悄地躲开。在家里艾玲也是郁郁寡欢，有时妈妈大声叫她都会把她吓一跳。妈妈非常失望地说："这孩子怎么越来越没出息呢？"

因为家长的过度保护，珠珠自理能力很差，十分胆小。别的小朋友在那里玩滑梯，她躲得远远的。老师走过去，问："你看好玩吗？"她说："好玩。"老师说："那咱们走近一点儿。"老师就拉她靠近滑梯。她看别人玩得那么高兴，越看越眼馋。老师进一步诱导说："你也滑一个好吗？"珠珠吓得赶紧往后面缩。老师说："这么办，我抱你，咱俩一起滑，好吗？"珠珠勉强同意了。在老师的怀里，珠珠有安全感，她和老师一起滑了下来。老师问："好玩吗？"她说："好玩。"老师又问："害怕吗？"她说："不害怕。"老师说："你真勇敢！这回你自己玩，好吗？我在旁边保护你。"珠珠终于敢自己玩滑梯了。

孩子的胆量生来是不一样的。有些孩子天生不爱说话，害怕生人，不敢表现自己，我们宁可把这看成是他的性格特点，而不要简单地看成是缺点。有些孩子胆小，家长也有责任。家长安全意识过强，老是吓唬孩子，孩子干什么家长都说"危险"，久而久之，孩子就会总结出一条经验，最可靠的办法是什么也别摸，什么也别干，在我们成年人看来，自然就是胆小怕事。

有的孩子由于家庭环境的影响，从小就羞涩、胆小、内向。可当你注意到孩子从原本活泼可爱，喜欢交朋友，一下子变得胆小怕事，龟缩到自己生活的小天地时，应该引起重视。孩子是不是不能适应新环境？是不是被别的孩子欺负或遭受到挫折，从而失去对自己的信心？

现在的独生子女在幼儿园之前，很少有与同龄人交往的经验，在家里受到所有人的保护，这种生活使他们根本不具备应付挫折和压力的能力。进入幼儿园后，有的孩子本身先天适应能力较差，面对新的环境感到特别拘谨，面对这么多处处不再护着自己的小朋友和老师，他们会从内心感到害怕和孤独。这时，如果家长忽略了孩子适应新环境的教育，忽视了安慰和鼓励孩子，孩子就很容易变得胆小怕事、退缩，当他们面对种种压力时，由于不知道怎样奋起反抗，只有退缩到自己的内在世界里以躲避外在世界的伤害。

有的家长整天把孩子关在家里，不准孩子与其他孩子玩耍，或者对孩子过分迁就、溺爱，也是使孩子不适应新环境的原因。孩子因缺乏与同龄人交往的技巧，只好采取逃避的行为。有的孩子由于自身存在某种缺陷，如口吃、长相不好等，在新环境中受到了极大的伤害，从此失去自信心，慢慢地就变得再也不敢当众发言，大声说话，生怕被别人注意到，恨不得躲到没人的地方。

由此可见，孩子的胆量是后天形成的。有个男孩从小一点儿也不怕狗。大人抱着，看见狗就跟狗玩。后来他会走路了，有一回他在小公园里，远远见一条狗，他这里一招呼，那边狗就冲着他跑来。高大的狼犬轻轻撞了小男孩一下，小男孩被撞了一个仰天跟头，立即哇哇大哭起来。从此他见了狗就直往大人背后躲。

大人有时会有意无意地借助“鬼”“黄猫”“狼外婆”之类惊悚的东西来吓唬孩子，让他们就范听指挥。可见，孩子的胆小，多是家长们故意制造渲染恐怖的苦果。而孩子变得胆大，在很大程度上是练出来的。

有的家长老是指责孩子：“你看人家，小嘴叭叭的，你再看看你，像木头疙瘩似的！”这种“定位”式的批评特别容易伤孩子的自尊心和自信心，正好强化了他的怯懦。珠珠的老师做得非常好，她对珠珠没有任何的指责，也不是放弃不管，而是为孩子设立具体的小目标，允许孩子尝试，成功了立即表扬，终于使她自己敢玩滑梯了。试想，如果这位老师冷冰冰地嘲笑珠珠：“人家都玩滑梯，你怎么不去！胆小鬼！”结果会如何？这种老师不是没有，这种家长就更多。家长如果遇到个胆小的孩子，以珠珠老师为榜样就行了。

不要批评，要有耐心，要鼓励孩子经常和小朋友一起游戏、交往，教给他一些与同龄人交往的技巧，培养他对新事物的兴趣，养成热情、活泼的性格。对孩子存在的能力缺陷及时加以训练和培养，如孩子本来说话表达不清，母亲可以和孩子一起每天坚持表达训练。体质不好的孩子，家长可以和孩子一起每天坚持表达训练。体质不好的孩子，家长可以通过饮食调节和加强锻炼来改善。父母应注意发现孩子的闪光点，对他的优点经常加以鼓励，使孩子从中获得尊严。当孩子要面对新环境时，父母应给他详细描绘新环境的情况，教给孩子适应新环境的方法，并教给孩子勇敢地去面对。

应该告诉孩子自己喜欢他，欣赏他的所作所为，哪怕是一点点小事，如孩子懂得体贴大人，知道关心别人等，这样，孩子就会更好地接受自己，经常鼓励孩子，让孩子觉得父母永远都支持自己，当遇到困难和挫折时，可以向父母寻求帮助。如每天晚上花 10 分钟时间倾听孩子的谈话，对孩子的自信心就是极大的鼓励，对孩子的每一点进步加以赞扬和欣赏是使胆小怕事的孩子发展胆量的一个有效方法。让孩子帮助你做一些力所能及的事，如买东西、摆桌子、寄信等，通过这些活动，胆小的孩子会逐渐认识到自己是有能力的，胆子也会越来越大。

下面是一位日本专家对胆小怕事的孩子在他的《父母造就懒散孩子》一书中提出的很好的建议。

（1）让孩子积累较多与其他孩子一起生活的经验。让孩子玩活泼的游戏，即使稍有一点危险的游戏，也无须大人喋喋不休地嘱咐个没完没了。

（2）不能毫无道理地把自己的想法强加给孩子。要把孩子从家长的桎梏中解放出来，大胆地让他与各种各样的朋友接触。

（3）孩子的怯弱不安，是受母亲本身的态度影响的。如果你对孩子的事总是过分担心的话，其情绪和态度就会传染给你的孩子，使他本人也变得不安起来，因为他白天能够在户外生气勃勃地玩耍，所以你就更要离开你的孩子，有时听任孩子去做是可以的。并且，当孩子因失败而表现出软弱胆小时，如果他能把某件事情叙述得全面甚至令人吃惊的话，就要表扬他。

（4）放开手脚让他自己寻找能玩在一起的小朋友。有时候孩子虽然成绩好，但是缺乏表达的能力。这种表达能力的缺乏是与本身的思维紧张和强烈的不安引起的。因为一外出，他本人在情绪上就总是不安，所以就不能很好地把自己的事情用语言表达出来。这样的孩子需要朋友，即使有一个朋友也可以，所以要放开他的手脚，不要采取过度保护的办法，如果能由他自己找到合适的朋友，那是最理想的了。

（5）在学校尽可能让不善言谈的孩子与有相同倾向的孩子长时间在一起玩耍和行动。

（6）让孩子和老师熟悉。委托老师多创造一对一的谈话机会。

（7）与双亲一起做活动身体的游戏。尽量让孩子发出“嗨”“喂”等叫喊声，以使他的能量得以释放。

（8）努力寻找孩子的优点，让老师在学生面前对他加以表扬。

（9）让孩子在家人面前唱歌并表扬他。

（10）加长孩子的准备时间。使孩子尽早开始训练，等他的心情不紧张了，就会由开始的不合格慢慢变得运用自如。让他对功课稍稍提前进行预习或练习，等到正式开始时就不会惊慌失措了。

（11）母亲经常地带孩子出去，让他能与同龄的孩子一起玩。

（12）支持孩子干力所能及的事情。

（13）耐心地对孩子说：“你只是有点内向，但不失为一个温柔的好孩子。”

图书在版编目（CIP）数据

没有教不好的孩子，只有不会教的父母 / 冬云编著
. -- 长春 : 吉林文史出版社 , 2019.12（2025.6 重印）
ISBN 978-7-5472-6239-9

Ⅰ . ①没… Ⅱ . ①冬… Ⅲ . ①家庭教育 Ⅳ . ① G78

中国版本图书馆 CIP 数据核字 (2019) 第 107718 号

没有教不好的孩子，只有不会教的父母

MEIYOU JIAO BUHAO DE HAIZI , ZHIYOU BUHUI JIAO DE FUMU

编　　著：冬　云
责任编辑：孙建军　董　芳
出版发行：吉林文史出版社有限责任公司（长春市福祉大路 5788 号出版集团 A 座）
　　　　　www.jlws.com.cn
印　　刷：三河市华成印务有限公司
版　　次：2019 年 12 月第 1 版　2025 年 6 月第 6 次印刷
开　　本：145mm × 210mm　1/32
印　　张：8 印张
字　　数：172 千字
书　　号：ISBN 978-7-5472-6239-9
定　　价：36.00 元